JN440947

우리에게 이르는 시간

우리에게 이르는 시간

이지원의 그린 에세이

수필과비평사

작가의 말

호르는 시간만큼 정직한 것도, 정확한 것도 없다는 생각을 자주 합니다. 지나간 시간 속에서 벌어진 모든 일은 '과거'라는 이름으로 고스란히 남아, 층층이 쌓여 시간의 지층을 이룹니다. 우리가 지나온 수많은 선택과 행동은 그 지층 위에서 오늘이라는 꽃으로 피어납니다. 결국, 오늘의 현실은 어제의 산물입니다.

이 책은 한 달에 한 번 신문에 연재하던 글들을 모아 엮은 것입니다. 연재를 시작하던 때는 코로나19가 세계를 휘감고 있던 시기였습니다. 모두가 마스크로 얼굴을 가리고, 서로를 멀리하며, 백신을 기다렸습니다. 동시에 지구는 점점 뜨거워지고 있었고, 곳곳에서 전례 없는 일들이 벌어졌습니다. 대홍수, 극심한 가뭄, 대형 산불 같은 재난은 이제 뉴스가 아닌 일상이 되었습니다. 그럴 때마다 누군가는 생명을 잃었고, 생존의 경계는 점점 더 불안정해졌습니다.

그 모든 흐름 속에서 저는 환경 문제에 눈을 돌리게 되었습니다. 환경 다큐멘터리를 보고, 환경단체의 활동을 지켜보며, 그동안 당연하게 지나쳐왔던 자연의 신호들을 새롭게 바라보게 되었습니다. 자료를 찾아 공부하는 과정에서는 때론 절망했고, 때론 두려움이 밀려왔지만, 우리가 제대로 알아야만 변화의 가능성도 열릴 것이라 믿었습니다.

글을 쓰면서도 스스로 부족하다는 생각을 자주 했습니다. 그러나 이 책이 조금이나마 환경에 대한 인식을 환기시키는데 도움이 된다면, 그 자체로 큰 의미가 있으리라 생각합니다. 우리가 지속 가능한 미래를 위해 얼마나 성실히 노력하는지에 따라, 망가진 자연도 다시 살아날 수 있다고 믿습니다. 우리가 살아가는 오늘이 곧 미래로 이어지기 때문입니다.

지금 이 책을 펼쳐든 당신의 시간이, 조금 더 푸르고 따뜻한 내일을 향한 한 걸음이 되기를 바랍니다.

2025년 6월

이지원

차례

작가의 말 · 4

1부

나는 하루에 쓰레기를 얼마나 버릴까? · 10
매일 메일 비우기 · 15
그레타 효과 · 19
인류세 시대 · 23
고래야, 고래야 · 27
내 한끼가 환경 운동이다 · 33
저 많은 닭은 어디로 가고 있을까? · 38

2부

생태 보물섬, 유부도 · 45
미세 플라스틱이 반찬이라고? · 50
지금 우리가 직시해야 할 심각한 진실 · 56
끓어오르는 지구 그리고 인류의 바다 · 61
넛지 효과 · 66
오늘 내가 버린 옷, 어디로 갔을까? · 70
백령도 사곶 해변 · 76

3부

상어의 슬픈 초상 · 82
사과의 몸값 · 88
하인리히 법칙 · 92
냉장고 털어먹기 · 96
꿀벌 식당 · 103
티핑 포인트 · 107
아름다운 세상 · 112
AI 경쟁 속, 숨겨진 환경비용 · 117

4부

기억의 섬, 독도평전 · 125
기후 유목민 시대 · 129
올여름 · 133
우리가 지나온 자리에 남긴 것들 · 137
어떤 결심 · 142
숲의 노래 · 147
우리에게 이르는 시간 · 153

5부

퍼펙트 스톰 · 158
옛날에 코끼리란 동물이 있었대 · 163
극한 폭우와 극한 폭염 · 169
이 시대의 덕목 · 173
플뿌리 연대 그리고 풀뿌리 연대 · 177
세상이 아름다울 수 있는 것은 · 183
행복한 식집사 · 188
우리 손에 달려 있다 - 그레타 툰베리의 《기후 책》 · 194

1부

나는 하루에 쓰레기를 얼마나 버릴까?

매일 메일 비우기

그레타 효과

인류세 시대

고래야, 고래야

내 한끼가 환경 운동이다

저 많은 닭은 어디로 가고 있을까?

나는 하루에 쓰레기를 얼마나 버릴까?

우리 집 문 앞에는 전에 없던 택배 물건이 자주 놓인다. 그뿐이랴. 배달 음식도 늘어났다. 코로나로 인해 딸이 재택근무 중이기 때문이다. 배달 음식이나 인터넷 쇼핑을 그다지 즐기지 않는 나로서는 여간 성가신 일이 아니다.

딸은 스마트폰 안의 무궁무진한 상점을 누비다가 눈에 드는 물건이 있으면 손가락 몇 번 움직여 쇼핑한다. 배달되어 오는 물건을 보면 그야말로 없는 것이 없으며 기발하고 신기한 아이디어 상품도 많다. 직장 일에 시달리고 시간 내기도 빠듯한 젊은 소비자들은 'e 편한' 소비생활을 즐긴다. 기업들도 온라인 상점을 앞다투어 개점하고 있다.

얼마 전, 택배 노동자들이 파업했다. 주문한 물건들이 제때 오지 못하고 있다가 요즘 줄줄이 오고 있는데, 물건이 들어있는 상자와 포장용 테이프, 비닐 등을 정리하는 일이 보통 일이 아니다. 편리한 것에만 익숙한 딸은 대충 뜯어서 버린다. 종이상자에 붙은 테이프도 제거하고 비닐은 비닐대로 따로 분리하여 재활용할 것과 폐기할 것을 구분해야 하는데, 엉성하게 흉내만 낸다. 배달 음식에서 발생하는 일회용 플라스틱은 또 어떻고.

지구에서 삶을 영위하는 종들 가운데 인간처럼 많은 폐기물을 배출하는 종은 없다. 태어나면서부터 죽는 순간까지 인간은 쓰레기를 무한 배출하는 종족이다. 인간들이 이렇게 헤아릴 수도 없을 만큼 폐기물을 배출하다 보니 현재 지구는 그 고통으로 신음하고 있다. 인간이 함부로 버린 쓰레기들 때문에 지구는 이상 조짐을 보이기 시작했다. 예측할 수 없는 기후 변화는 재앙 수준이다.

우리가 마구 낭비한 물은 고갈되고, 사막화의 진행은 가속화되고 있으며 극지방의 빙하는 녹아내린다. 태평양에 있는 섬나라들과 아시아의 섬들이 해수면이 점점 높아져 가라앉을 위기에 있다. 추운 지방은 따뜻해지고 사막에 눈이 내린다. 이 모든 것의 시작이, 믿고 싶지 않겠지만 인간인 우리가 마구 쓰고 버린 폐기물 때문이라고 한다.

우리가 너무나 가볍게 쓰고 버리는 쓰레기가 지구의 순환을 막고 있다. 뇌졸중에 걸린 지구는 언제 터질지, 어디가 막힐지 알 수 없는 지경에 이르렀다. 이렇게 되기까지 백 년이 채 걸리지 않았다. 그나마 의식 있는 사람들이 녹색 운동을 비롯한 여러 가지 자연 회복 운동에 안간힘을 쓰고 있지만 넘쳐나는 폐기물은 나날이 지구의 숨통을 조이고 있다.

폐기물 '제로'의 뜻을 가진 제로 웨이스트(쓰레기 무배출) 운동은 1998년 브라질에서 시작되었다. 이 운동은 기존의 환경운동과는 사뭇 다르다. 애초에 폐기물을 만들지 않는 것, 백여 년 전에 우리 선조들처럼 지구에 쓰레기라는 암 덩어리를 만들지 않는 것이 제로 웨이스트다. 사람이 만든 모든 물건은 폐기되지 않고 재사용되거나 다른 것으로 가공되어 쓸 수 있어야 하며 포장이나 자재들도 원래의 것으로 환원해서 쓸 수 있도록 하는 것이다. 이제 더이상 늦출 수 없다. 지구가 죽어가기에 우리의 자손들은 살아갈 길이 막막해지기 때문이다.

제로 웨이스트 운동의 핵심은 대규모의 모임이나 많은 인원을 동원해서 움직이는 것이 아니라 내가, 내 가족이, 그리고 이웃이 실천할 수 있는 것에 있다. 내가 먼저 쓰레기를 만들지 않기 위해 신중하게 소비생활을 시작하는 것이다. 전 세계의 의식 있는 사람들이 이미 실천하고 있다.

지난해부터 불어닥친 코로나 대유행으로 전에 없이 배달 음식과 택배 주문이 폭주하고 있다. 그로 인한 일회용품 증가는 실로 심각한 수준이라고 한다. 다소 불편하고 귀찮고 시간을 들여야 하지만, 이제부터라도 우리는 제로 웨이스트 운동에 동참해야 한다.

'이미 너무 늦은 것은 아닌가? 에이, 내가 실천한다고 뭐가 달라지겠어?'라는 생각이 들 수도 있지만 아니다. 내가 실천한다면 그만큼 좋아진다고 생각을 바꾸어야 한다. 이쯤에서 나는 무엇을 실천하고 있는지 생각해 본다.

나의 경우는 장바구니를 가방마다 넣어두고 비닐봉지 한 장이라도 줄이려고 노력하며 사용한 플라스틱 용기에 붙어 있는 상표를 제거하고, 이물질이 묻어 있는 병은 깨끗이 씻어 배출한다. 라면수프 봉지도 가위로 잘라 물에 헹궈 말린다. 어쩌다 포장 구매한 플라스틱 컵은 화분으로 재사용한다.

엄마의 잔소리에 귀가 따가웠던지 딸도 요즘은 분리 배출을 꼼꼼히 하고 나름 신중한 소비생활을 하려고 애를 쓰는 눈치여서 반갑다.

제로 웨이스트, 나부터 시작해 보자!

매일 메일 비우기

작정하고 책상에 앉아 컴퓨터를 켠다. 탄소 배출을 줄이기 위한 작은 실천을 하기 위해서다. 그동안 읽지 않은 메일과 읽었으나 지우지 않은 메일이 꽉 차 있다. 이런 부분에 부지런한 편이라, 예전에는 수시로 메일 정리를 하여 쌓일 겨를이 없었다. 그러다 스마트폰의 시대가 열렸고 메일도 핸드폰으로 확인하다 보니 불필요한 메일을 제때 삭제하지 못하고 휴지통 비우기를 게을리하게 되었다.

메일은 한 페이지에 13개씩 일자별로 나열되어 있다. 마지막 페이지가 82로 나온다. 총 1,066통의 메일이 들어 있다는 말이다. 맨 끝 82쪽 메일의 연도가 2013년으로 돼 있다. 그동안 필요치 않은 메일은 삭제하고 비웠는데도 십 년 동안 1,000통이 넘게 남아 있다.

오랜 세월 속에 주고받은 메일을 읽어 보니 새삼스럽기도 하고 추억에 젖기도 한다. 언제든 다시 꺼내 볼 것이라고 남겨 둔 메일들과 일회성으로 바로 삭제해도 좋을 것들이 섞여 있다. 일괄 선택해서 삭제해 버리기엔 아쉬움이 남아 하나씩 확인하면서 정리 작업을 한다. 메일함 역시 옷장에 걸린 옷들과 같은 느낌이다. 몇 년씩 입지도 않으면서 다시 입을 것처럼, 다시 읽을 것처럼 모아 두었다. 남길 것만 남기고 하나씩 지워 나갔다.

십 년 동안 4권의 책을 발간한 나는, 메일함에 출판사와 주고받은 것들과 원고청탁 의뢰서와 졸저를 읽고 보내준 격려 메일과 문화 관련 소식지들과 광고성 메일이 대부분이다. 스마트폰이 나오기 전에는 멀리 있는 친구들과 메일을 주고받았으나 요즘은 사적으로 메일을 주고받지는 않는다. 카톡이나 텔레그램 등이 더 편리하기 때문이다.

메일함을 정리하다 곁가지로 생각이 흐른다. 책을 낼 때마다 나무는 또 얼마나 베어졌을까? 별스레 읽히지도 않는 책을 세상 밖으로 내놓을 때마다 자괴감이 들었다. 이런 생각을 하는 나를 두고 누군가가 읽히는 책을 쓰라고 냉정하게 충고했다. 맞다! 맞는데 쉽지 않아서 고민스럽다. 종이책을 읽지 않는 것도 한몫을 하지만 세상에는 책보다 재미있는 것들이 많아졌다.

이런저런 메일을 읽으며 정리하다 보니 페이지 수가 점점 줄어든다. 82쪽에서 시작한 것이 24쪽까지 줄었다. 절반도 훨씬 넘게 삭제한 것이다. 우리는 참으로 불필요한 것을 마치 중요한 그 무엇인 것처럼 끌어안고 살아가고 있다. 그러다 어느 날 문득 눈에 띄면 저것이 뭐지? 하며 고개를 갸웃거린다. 시간이 지나면 중요한 것인지 아닌지 구분조차 희미해져 간다.

이메일 한 통이 0.3~30g의 이산화탄소를 배출한다고 한다. 어째서 그런 것인가 의문이 들겠지만, 데이터센터의 전력 소비와 연관이 되기 때문이다. 불필요한 메일을 삭제하면 서버의 열과 전기량을 줄일 수 있어 그 과정에서 자연스레 탄소 배출량을 줄일 수 있다는 것이다.

포털 사이트 다음에서 진행하는 그린 디지털 실천 자료에 따르면, 메일함을 비운 만큼 탄소 배출도 줄어들고 메일함에서 에코모드를 보관기간 7일로 설정하면 휴지통과 스팸메일이 자동으로 삭제된다고 한다. 스팸메일은 그때그때 차단하고 읽지 않는 소식지는 구독을 취소하라고 권한다.

그린 디지털 습관이 쌓이면 탄소 배출량은 얼마나 줄어들까? 전 국민이 이메일 50통을 삭제한다면 1,036kg이 줄고, 1년 동안 매일 5km씩 자전거로 출근한다면 500kg이 줄어들며 탄소 배출량이 동일할 때 전기자전거는 자동차보다 96배 더 달린다. 개인으로 보면 미미할지라도 전 국민이 동참하면 이렇듯 큰 힘이 되는 것이다. 그러므로 어렵지 않게 할 수 있는 것부터 해야 한다.

메일함을 비우고 전기자전거를 타며 일회용품을 줄인다고 세상이 크게 달라질 것 같지 않지만 그래도 해야 한다. 지구는 점점 뜨거워져 빙하가 흘러내려 오래 얼어 있던 각종 세균이 창궐하여 인류는 또 다른 병균들과 싸워야 할지도 모른다. 육지가 물에 잠기고 식량난은 가속화될 것이라 한다. 지금의 상황을 제대로 알면 알수록 절망스럽기까지 하다. 그렇다고 해서 이 작은 실천을 멈추지는 않을 것이다. 우리가 생각하는 것보다 자연은 어쩌면 회복력이 훨씬 빠를지도 모른다는 어느 과학자의 말을 진실로 믿고 싶기 때문이다.

오늘, 이메일 800통을 삭제하고 휴지통을 비웠다. 지구를 위해 적어도 묘목 한 그루쯤 심지 않았을까 싶어 뿌듯하다.

그레타 효과

코로나바이러스가 인류를 침공한 지 2년이 다 되어가지만 좀처럼 종식될 기미를 보이지 않는다. 하여 우리는 지금 비대면 사회를 살아가고 있다. 사람을 자유롭게 만나지 못하고, 사람들을 모아서 하던 행사는 일체 정지되었다. 공식 모임이나 소소한 모임조차 할 수 없게 되자 옷을 차려입을 일이 줄어들었다. 아니, 나의 경우는 편한 운동복만 있으면 되었다. 코로나가 바꿔 놓은 일상의 변화 중 하나이다.

코로나 이전에는 계절 바뀔 때마다 옷장 문을 열고 옷걸이에 걸려 있는 많은 옷 앞에서 입을 옷이 없다며 혼잣말을 중얼거리곤 했다. 주변 사람들도 나와 똑같은 말을 했다. 사계절이 뚜렷한 우리나라는 봄 여름 가을 겨울 옷이 다 따로 갖춰져 있어 옷장 가득 옷이 걸려 있어도 철 지나면 늘 입을 것이 없다며 투덜댔다.

몇 달 전, 옷장에 잠자고 있는 옷들을 대거 정리했다. 입지도 않으면서 아까워서 걸어둔 옷들이었다. 그런데도 다시 옷장 문을 여니 정리할 옷이 많이 보였다. 해당 계절에 내 몸에 한 번도 꿰어 보지 않은 옷들이 수두룩했다.

딴에는 최소화한 삶을 추구해 보겠다며 마음먹지만 쉽지 않았다. 견물생심이라, 백화점에 걸려 있는 신상품을 보면 사고 싶은 욕구가 발동했다. 꼭 사야 할 이유도 없는데 그냥 예뻐서 사들인 것이 많았다. 코로나는 이런 견물생심까지 잡아 버렸다. 나갈 일이 없으니 차려입을 일도 없어졌다.

우리나라는 헌옷 수출국 세계 5위라고 한다. 그만큼 옷을 많이 사 입고 많이 버린다는 뜻이겠다. 또한 패스트패션의 영향도 큰 것 같다. 패스트패션은 유행에 맞춰 바로 만들어내는 옷으로 소재보다는 디자인을 우선시하고 가격이 저렴한 것이 특징이다. 다품종 소량 생산하는 '자가 상표부착제 유통 방식SPA'을 의미한다. 빠르게 기획 · 제작하여 유통한다는 의미에서 패스트패션이란 이름이 붙었다. 일반 패션업체가 보통 계절별로 신상품을 선보이는 데 비해 패스트패션은 1~2주 단위로 신상품을 내놓는다. 대표적인 브랜드로 스페인의 자라, 일본의 유니클로, 스웨덴의 H&M, 미국의 포에버21 등이 있다. 소비자는 최신 유행의 옷을 저렴하게 살 수 있고, 업체는 빠른 회전으로 재고 부담을 줄일 수 있다는 장점이 있다. 그러나 유행이 지나면 한 시즌도 채 사용되지 못하고 버려지는 경우가 많아 소각될 때 각종 유해 물질을 발생시켜 지구온난화를 가속한다는 비판을 받고 있다.

10대 환경운동가인 스웨덴의 그레타 툰베리Greta Thunberg가 얼마 전, 재활용 의상을 입고 세계적인 패션 전문지 《보그》의 표지 모델로 나섰다. 툰베리는 패션산업과 '패스트패션'의 문제점을 신랄하게 비판했다.

옷은 '제2의 피부'라고도 한다. 장 보드리야드Jean Baudrillard의 통찰처럼 또 다른 '언어'로서의 패션은 현대인의 욕망과 소비문화를 대변하며 핵심 산업으로 자리 잡고 있다. 하지만 패션산업은 대표적 환경오염, 대량의 탄소 배출 산업이기도 하다. 유엔은 화석연료에 이은 제2의 환경오염 유발 산업으로 지목하기도 했다. 생산과정에서의 폐수, 유통과정에서의 탄소 배출, 세탁할 때 발생하는 미세 플라스틱, 대량의 쓰레기 때문이다. 실제 의류의 연 생산량은 약 천억 개이고 그중 삼분의 일이 버려진다는 조사도 있다. 특히 앞서 설명한 '패스트패션'은 환경오염 주범의 하나로 꼽힌다.

그레타 툰베리는 《보그》지의 인터뷰와 트위터를 통해 "패션업계는 기후와 생태계 위기를 크게 조장하고 있다."라며 특히 입고 버린다는 인식을 하게 한 패스트패션의 문제점을 지적했다. "일부 의류업체들이 '지속 가능한', '윤리적인' 등의 용어로 스스로를 묘사한다."라며 '그린워싱(위장환경주의)' 행태에 직격탄을 날렸다. "내가 마지막으로 물건을 구매한 것은 3년 전으로 중고품이었다."라고 툰베리는 말한다.

옷장에서 입지 않는 옷을 정리하려고 마음을 먹었던 나는 마음을 바꾸기로 했다. '헌옷 수거함'에 옷을 갖다 넣기보다 '재활용' 가능한 방법을 모색하고 웬만하면 새 옷을 사지 않기로.

"기후 위기, 당장 행동하라!" 얼마 전, 울진에 있는 국립해양과학관 입구에서 보았던 강렬한 글귀와 불타고 있는 무시무시한 지구본이 함께 떠오른다. 지구가 정말 심각하다는 것을 알려 주고 있지만, 사람마다 받아들이는 강도는 같지 않을 것이다.

그레타 툰베리가 세계를 향해, 기성세대를 향해 내는 메시지와 행보에 대한 비판과 옹호가 뒤따르지만, 우리는 그녀의 메시지에 귀 기울여야 한다. 앞으로의 세상은 지금 10대인 그들이 살아가야 하기 때문이다.

인류세 시대

코로나 시국에서 두 번째로 맞이한 추석, 조심스럽지만 민족의 이동이 시작되었다. 우리 집 작은애도 설에 다녀간 뒤 8개월 만에 집에 왔다. 다행히 가족 모두 백신 2차 접종까지 완료했기에 오랜만에 온 가족이 모였다. 휴일까지 포함하여 5일간의 연휴였지만 혹시나 하는 마음에 집에서만 지냈다.

두 사람만 살던 집에 네 사람이 되니 북적대기도 하고 집 안이 그득한 느낌이었다. 밥도 반찬도 설거지도 빨래도 두 배로 늘어났다. 음식물 쓰레기는 왠지 몇 배로 늘어난 것 같았다. 옛말에 입 하나가 무섭다고 했다. 두 입이 늘어났는데 음식물 쓰레기와 비닐, 플라스틱까지 덩달아 늘어났다. 환경 문제에 관심을 가지면서부터 비닐과 플라스틱에 몹시 스트레스를 받고 있던 차였다.

우리가 사는 아파트는 음식물 쓰레기를 모아서 정해진 곳에 갖다 버려야 한다. 초창기에는 물 빠짐이 되는 이중 구조의 용기를 사용했는데 어느 순간부터 내남없이 비닐봉지에 담아서 버리고 비닐은 바로 쓰레기통으로 들어갔다. 잔여 음식물이 묻어 냄새나는 비닐들이 항상 수북이 쌓였다.

작정하고 예전에 사용했던 음식물 쓰레기통을 다시 사들였다. 들고 왔다갔다해야 하며 매번 씻어야 하는 번거로움이 따랐지만 나 하나라도 폐비닐을 배출하지 않겠다는 생각을 하니 그간 불편했던 마음이 조금은 편해졌다. 작은 일이지만 전혀 작지 않은 일, 환경에 대한 인식의 전환이 필요했다.

성인이 된 아이들은 엄마가 하는 양을 보고 올바른 일이라 생각은 하지만 실은 실천하기가 쉽지 않다고 했다. 머리에서는 충분히 이해하나 행동으로 옮겨가는 데는 시간이 걸린다. 인식을 바꾼다는 것은 생각보다 힘들기 때문이다. 우리가 사는 지구가 사람들로 인해 병이 들었다는 것을 모르는 사람은 없다. 귀찮고 번거롭다는 생각이 우선되기 때문에 행동하지 않는 것이다.

인류세人類世는 인간의 활동이 지구 환경을 바꾸는 지질시대를 일컫는 말로 네덜란드의 화학자 크뤼천Crutzen,P.이 제안하였다.

태초에 우리가 사는 세상은 빙하로 덮여 있었다. 빙하가 깨지면서 지구에는 변화가 생겨났으며 사람과 생물들이 공존하며 살았다. 만물의 영장이라 여기는 인간들이 울창한 생태계 사이로 인간의 문명인 건물을 지어 올리고 자동차 등을 만들었다. 자연스레 생태계는 점점 그 자리를 빼앗기고 말았다. 당연한 결과지만 편의와 맞바꾼 파란 하늘은 대기오염으로 답답한 시야와 탁한 공기를 제공했다. 조만간 아름다운 꽃의 모습은 어쩌면 우리의 기억 속에서만 존재하게 될지도 모른다.

우리는 현재 인간 활동이 환경에 지배적인 영향을 끼치는 새로운 지질시대, 대전환의 길목에 서 있다. 그 결과 지구는 사막의 모습으로 변하며 아무것도 남지 않게 될 것을 경고한다. 우리는 지금 인류의 자연환경 파괴로 인해 지구와 맞서 싸우게 된 '인류세' 시대에 살고 있다. 이전의 지질학적 시간 단위가 아닌 농업혁명, 산업혁명을 지나 방사성 물질과 이산화탄소 및 플라스틱으로 인한 지구온난화, 해양 오염, 쓰레기 문제로 이어지는 세상이라 할 수 있다. 지구 곳

곳이 병들어 사막화가 가속되고 빙하가 녹아내리는 것을 심심치 않게 목격하고 있다.

지구는 다시 얼기 시작하고 빙하의 모습으로 바뀌며 공전과 무의 상태로 지내는 인류가 될지도 모른다. 인류세의 등장은 결국 인간을 대상화하고 지배하려는 것으로 인류와 자연의 공멸을 의미한다. 인류와 지구의 운명적 상호관계를 인식하고 인류가 함께 풀어나가야 할 과제이다. 인류세의 등장은 인류의 문제를 해결하기 위한 새로운 관점을 제시하는 것으로도 볼 수 있다. 지속 가능한 지구를 위한 해결 방안으로 '순환'의 필요성에 주목해야 할 것이다.

개념조차 생소한 용어, 인류세 시대니 뭐니 하지만, 아주 단순하게 우선 자신이 실천할 수 있는 것부터 책임 의식을 가지고 실천해 갔으면 한다. 찾아보면 간단하게 실천할 수 있는 것들이 있다. 우선 귀찮다는 생각부터 버리자. 종이컵 대신 개인 컵 소지, 장바구니의 생활화, 제대로 된 재활용 분리배출, 웬만한 거리는 걸어서 다니기 그리고 탄소 중립을 위해 상표 없는 생수병과 포장 판매용 플라스틱 용기의 일원화 등 정부와 기업과 우리가 함께 지속 가능한 지구를 위해 인식의 대전환이 절실하게 요구되는 때다.

고래야, 고래야

울산 장생포에 가면 고래 고기를 파는 가게들이 즐비하다. 그곳에 고래 박물관도 있다. 박물관 앞마당에는 한 시절 고래를 잡았던 포경선 '제6 진양호'가 전시돼 있으며 실내에는 날마다 돌고래 쇼가 펼쳐진다. 또한 울산 앞바다에 출몰하는 고래를 관광객들에게 보여 주기 위해 '고래바다 여행선'을 운항한다. 해마다 고래 축제가 열리는데 행사의 취지가 애매모호하다. 포경을 금지해 놓고 버젓이 고래 고기를 파는 것을 보면 고래를 보호하자는 것인지, 포경 금지를 해제하여 고래를 다시 잡자는 것인지 도무지 알 수가 없다.

상업적 포경이 금지된 지도 사십 년이 다 되어간다. 그사이 개체수가 많이 늘어난 것도 사실이지만, 아직도 연간 천 마리 이상의 고래가 상업적인 목적으로 목숨을 잃고 있다.

또한 각종 선박에 충돌하고 어망에 걸리는 등 생존을 위협받고 있다. 고래를 식용으로 하는 나라는 우리나라와 일본 등 몇 나라 되지 않는다. 그것도 소수의 미식가만 먹는다. 대중적인 음식은 아니다. 우리는 고래 고기를 꼭 먹어야 하는 것인가 한 번쯤 고민해 보고 싶어진다.

기후 위기의 원인 중 하나가 온실가스라는 사실에 대해 반박하는 사람은 없을 것이다. 온실가스는 온실 효과를 유발하는 물질들을 말하는데 이산화탄소, 메탄 등등의 물질들을 총칭한다. 이런 온실가스를 줄이기 위해 나무를 많이 심는 것이 가장 좋은 방법이라고 알고 있지만 나무보다 더 강력한 생물이 있다. 바로 바다에 사는 고래다.

기후 위기를 막아 줄 수 있는 고래의 비밀을 알아보자. 고래는 대기 중의 이산화탄소를 몸속에 저장한다. 고래의 몸은 많은 지방과 단백질로 구성되어 있다. 고래는 숨을 쉴 때마다 탄소를 몸속에 저장한다. 고래의 몸이 곧 탄소 저장소이다. 고래의 수명이 60년 이상임을 고려할 때, 고래는 평생 33톤의 이산화탄소를 흡수한다고 한다. 나무 한 그루가 일년에 22kg 정도를 흡수하는 것에 비하면 엄청난 수치라 할 수 있다. 평생 그렇게 많은 탄소를 흡수하고 삶을 마감하게 된 고래는 바닷속으로 가라앉게 된다. 사람들이 만들어낸 탄소를 몸속에 품고 깊은 바닷속으로 내려가 수백 년간 이산화탄소를 가두고 있다. 그런 이산화탄소를 만물의 영장이라는 인간이 포집하면 되지 않느냐고 하겠지만 이산화탄소를 포집하여 바다 깊이 묻는 것은 복잡한 기술과 엄청난 비용이 들어가기 때문에 대단히 어려운 일이라고 한다.

그런 의미에서 고래는 존재 자체로 지구에 이로운 일을 하는 것이다. 고래가 숨을 쉬거나 이동을 하기 위해 물위로 올라올 때, 고래는 식물성 플랑크톤이 필요로 하는 질소와 철분 등을 뿜어낸다. 고래의 배설물에는 질소 · 인 · 철분 등이 포함되어 있는데 이런 성분들이 모두 미생물이 성장할 수 있는 조건을 만들어 준다.

고래 덕분에 잘 성장한 식물성 플랑크톤은 식물처럼 광합성을 통해 이산화탄소를 흡수한다. 그 양이 아마존 열대우림의 4배 이상이라니 놀랍지 않은가. 식물성 플랑크톤은 고래와 마찬가지로 기후 위기를 막는 데 큰 역할을 한다. 또한 식물성 플랑크톤은 지구 대기 중 산소를 약 50% 이상 공급하고 있다. 이산화탄소를 품고 산소를 내주는 정말 고마운 생물이다.

식물성 플랑크톤은 동물성 플랑크톤의 먹이 역할까지 하고 있는데 동물성 플랑크톤은 또다시 수많은 바다 생물의 먹이가 되기에 바다의 생태계가 풍부해진다. 그러니까 식물성 플랑크톤의 증가를 돕는 고래는 대단히 중요한 존재이다. 하지만 이렇게 지구를 위해 열심히 살아가는 고래들은 현재 위험에 처해 있다. 1986년 상업적인 포경이 금지되었지만, 이런저런 이유로 목숨을 잃고 있다. 고래는 생존에 위협을 받고 있다. 만약 포경을 하지 않고 모든 고래가 그대로 있었다면 고래들은 연간 17억 톤의 이산화탄소를 포집할 수 있었을 것이라 한다. 현재 대기 중 이산화탄소 농도가 빠르게 증가하면서 기후 위기도 더 심각해지고 있다. 우리 모두 고래의 역할에 감사하며 고래 포획을 금지하고, 고래 개체 수를 늘리는 방안을 적극적으로 찾아야 할 것이다.

몇 달 전에 종영된 드라마 〈이상한 변호사 우영우〉가 세계적으로 선풍적인 인기를 끌었다. 이 드라마에는 난관에 봉착할 때마다 고래가 등장한다. 해결의 실마리가 풀리는 찰나, 고래가 나타난다. 이상하게도 지금 인류가 겪고 있는 기후 위기에 고래의 역할과 이 드라마가 겹치는 것은 왜일까? 드라마에 과몰입한 탓이라고 하면 할말은 없지만, 멸종

위기종 코끼리가 보호되어야 하듯, 바다의 고래도 마땅하게 보호되어야 하기 때문이다.

* 국립 해양과학관 공식 블로그 '고래의 비밀' 참고

내 한끼가 환경 운동이다

우리는 붉은 고기를 하루에 14g만 섭취해도 충분하다고 한다. 그런데 인류의 육류 소비는 점점 늘어만 간다. 하여 열대우림 아마존에는 지금도 산불이 계속 일어나고 있다. 육류 소비와 아마존 산불이 무슨 상관관계가 있는가 하겠지만, 달콤한 고기 한 점 뒤에는 살벌한 현실이 있다. 놀랍게도 아마존 숲에서 일어나는 불은 거의 방화이며 그것이 우리의 식탁에 오르는 소고기 · 돼지고기 · 닭고기와 무관하지 않다는 것이다.

세계적으로 육류 소비가 늘어나 소를 방목해서 키우기에는 공급이 수요를 따라갈 수 없게 되었다. 공장식 소 사육으로 고열량 곡물 재배가 불가피해졌다. 풀을 먹일 때보다 곡물이 살을 찌우기에 더 적합했기 때문이다. 옥수수 · 대두

등을 재배할 경작지가 필요했다. 그러다 팬데믹(감염병 범유행)을 맞이했고 많은 것이 멈추었다. 멈춰져 있을 때 자동차와 공장으로부터 나오는 온실가스가 많이 줄어들었다. 인류는 건강해질 수 있는 조건을 갖춘 것으로 알았다. 그렇지만 아마존과 판타나우(세계에서 가장 넓은 침수 초원)의 산불로 탄소 배출량은 여전히 많이 늘었다.

브라질과 남미의 여러 나라는 큰 문제에 직면해 있다. 지난 50년 동안 아마존 삼림의 17%가 훼손되었다. 지난 3년 동안 4~5%의 삼림 벌채가 있었다. 이것은 매우 심각한 수준이 아닐 수 없으며 가속화가 진행되고 있다. 연구에 따르면, 가장 많은 산림 파괴가 진행된 곳은 탄소 배출 증가뿐만 아니라 삼림에 극도의 스트레스를 촉진해 결국 흡수보다 더 많은 탄소를 배출하게 된다고 한다. 우리가 먹는 소고기·돼지고기·닭고기를 생산하기 위해서 많은 사료 작물이 필요하기에 아마존의 산불은 끊이지 않는 것이다. 먼 나라 일 같지만, 이것은 절대로 먼 나라의 이야기만은 아니다. 우리의 육식 문화와도 연결되어 있다.

전 세계적으로 농업과 식량 분야는 전체 온실가스 배출의 24%를 차지한다. 이 중에 대부분은 축산 분야에서 나온다.

육류나 유제품이 기후 변화에 큰 영향을 미친다는 것을 대부분의 사람이 이해하기 쉽지는 않겠지만 이것은 사실이다.

먼저, 아마존의 열대우림이 망가지고 있다. 열대우림의 많은 부분이 축산 사료를 생산하기 위해 파괴되고 있다. 그리고 소 · 염소 · 양 등 반추동물로 인한 메탄가스 배출이다. 메탄은 굉장히 강력한 온실가스이다. 소가 사육되는 축사 안과 밖의 공기를 실측해 보았더니 축사 밖 1.18ppm, 축사 안 3.5ppm으로 나왔다.

여러 종류의 가축이 있지만 소처럼 되새김질하는 가축의 경우는 위가 여러 개여서 위 속에서 발효된 가스가 트림이나 방귀로 배출된다. 또한 축사의 분뇨도 심각한 문제를 일으키고 있다. 연간 소 한 마리의 탄소 배출은 자동차 주행 16,632km에 해당한다고 한다. 인간 활동이 관련된 메탄 발생(Yusuf, 2012)은 오일가스가 18%이며 장내의 발효는 28%라고 하니 사람과 그 사람이 먹는 소 등 반추동물이 내뿜는 가스가 훨씬 많다는 것을 알 수 있다.

전 세계에 있는 소는 약 15억 마리(FAO, 2019)라고 한다. 소를 한 나라로 친다면 중국, 미국 다음으로 탄소 배출을 많이 하는 나라가 된다는 뜻이다. 지금 수준의 소고기 소비가 영원히 지속될 수 있을까? 우리가 소를 키우기 위해 마지막 남은 숲까지 파괴할 의향이 있다면 정말 끔찍한 자원 배분이므로 그런 배분을 하는 것은 사실상 말이 안 되는 일이다. 대신 최악의 시나리오가 아니라 합리적인 선택의 영역 내에서 보면 대답은 "아니오."라고 해야 할 것이다.

한국인의 1인 육류 소비량은 2000년도에 31.9kg, 2019년에는 54.6kg(농식품부)이라고 한다. 갈수록 우리나라도 육류 소비가 늘고 있다는 것을 보여 준다. 이미 육식에 길든 사람들에게 채식을 강요할 수는 없지만 일주일에 한 번이라도 줄여나갔으면 좋겠다. 그것이 환경운동을 실천하는 한 방법이라면, 우리가 모두 동참하여 그것이 큰 힘이 된다면 적극적으로 실천해야 한다고 생각한다. 뜻있는 사람들은 대체 고기를 곁들여서 맛있는 채식 전문 식당을 운영하고 있다.

나는 채식주의자도 아니고 육류를 그다지 즐겨 먹는 편도 아니다. 식사 자리에 고기가 오르면 별 거부감 없이 먹기도 했는데 불편한 진실을 알고부터 고기 먹는 것이 거북스러워졌다. 의식적으로 고기를 피하게 되었다. 기후 위기는 미래가 아닌 현재 진행되고 있는 절실하고도 급박한 문제이다. 내 한끼의 채식은 살벌해진 지구를 위한 달콤한 선택이다.

저 많은 닭은 어디로 가고 있을까?

목포에서 울산으로 향하던 길이었다. 가는 길에 광양쯤에서 들른 휴게소, 밤이 깊어서인지 승용차보다 트럭이 많이 보였다. 차에서 내려 화장실로 향하는데 바로 앞의 트럭에 눈길이 머물렀다. 트럭 짐칸 철창 안에서 수많은 눈이 나를 쏘아보는 듯했다. 졸린 눈을 껌벅이며 자세히 들여다보니 철창에 갇힌 닭들이었다. 순간, 나도 모르게 흠칫거리며 한 발짝 물러섰다.

한밤중에 닭들은 대체 어디로 실려 가는 것일까? 닭들은 양계장에서 사육하다가 맞춤하게 자라면 바깥세상 구경을 나갔다. 난생처음 세상 구경하는 날이 죽음으로 가는 길이었다. 치킨집으로 삼계탕이나 백숙집으로 가기 위해 떠나는 길에 잠시 휴게소에 머물고 있던 중이었다.

도시에 살면서 살아있는 닭을 보기란 쉽지 않다. 주로 마트의 진열대나 배달된 치킨으로 마주하기 일쑤다. 그저 식탁에 오르는 식재료 중 하나일 뿐이다. 그런데 생각지도 못한 곳에서 트럭에 실린 수많은 닭과 눈이 마주쳤다.

1970년대 이후, 양계장에서 대량으로 닭을 키워 내면서 닭 소비량 역시 예전에 비해 엄청나게 늘어났다. 2020년 도축 검사 보고서에 따르면, 한 해 닭 도축량이 10억 7천만 두라고 하며, 1인당 닭 소비량은 15.76kg(농촌진흥청, 2020 닭고기 소비 실태 보고서)라고 한다. 우리가 한 해 동안 먹어 치운 닭의 숫자가 어마어마한 양인 것이다. 치킨을 좋아하는 젊은이들은 '1일 1닭'이라거나 '1인 1닭'이라 한다니 저 숫자가 과장된 것은 아닌 것 같다.

아이들이 자랄 때만큼은 아니지만 나도 복날이면 삼계탕을 먹고, 비 오는 날이면 가끔 치킨도 배달시켜 먹곤 한다. 바삭바삭한 껍질의 고소한 식감을 즐기면서 말이다. 치킨과 맥주는 환상의 콤비처럼 우리나라 사람들이 즐겨 먹는 음식이다. 코로나 이전에는 해외에서 '치맥 관광'을 올 정도로 인기 있는 음식이기도 하다.

생각해 보면 어릴 적에는 시골이 아니더라도 마당에서 닭을 키우는 집들이 있어서 아침이면 '꼬꼬댁' 홰치는 소리를 들을 수 있었고 갓 낳은 신선한 달걀도 가끔 맛볼 수 있었다. 그 시절 '달걀부침'은 매일 먹을 수 있는 것이 아니었다.

닭은 사람에게 아주 친숙한 동물이었다. 마당을 마음껏 활보하며 건강하게 자란 장닭은 크기도 커서 곁에 가기 무섭기도 했다. 시장에서는 생닭을 팔았다. 장에서 사 온 닭을 아버지가 직접 장만했기에 닭 잡는 광경을 보고 기겁했던 기억이 있다. 그래도 병아리로 태어나 닭으로서의 삶을 자유롭게 살다가 사람의 밥상에 올랐다. 지금은 어떤가.

공장식 양계장에서 키워 내는 닭의 일생을 살펴보자. 생후 열흘도 안 된 병아리는 불에 달군 기계로 마취 없이 부리가 잘리기도 하며 부리가 잘린 고통으로 몇 주간 제대로 먹지 못해 탈수와 영양실조에 걸린다. 성장촉진제가 섞인 사료를 먹은 닭의 몸은 비정상적으로 커져서 몸의 무게를 버티지 못해 다리가 부러지기도 한다. 닭들이 지내는 축사에는 창문이 없다. 햇빛을 볼 수 있는 날은 도축장에 갈 때뿐이다. 분뇨로 가득한 축사 바닥에서 발생한 암모니아는 닭에게 각종 질환을 일으키며 암모니아 때문에 닭의 발, 가슴, 배에는 물집과 화상이 생긴다. 날개를 마음껏 펼치지도 못한다. A4용지 절반 남짓한 공간에서 평생을 지내야 하기 때문이다.

자연 수명이 7년인 닭은 약 한 달간의 사육 후 도축장으로 간다. 우리나라에서만 매달 9천만 마리의 닭이 도살된다. 이런 과정을 거친 닭들이 우리의 식탁에 오르고 있다. 바깥에서 자유롭게 자란 옛날의 닭과 비교할 수 없다.

채식주의자는 아니지만 건강한 식재료로 소식하려고 애쓰고 있다. 육류 소비량을 줄이면 이산화탄소도 그만큼 적게 배출될 것이므로. 효율이란 명목으로 비정상적으로 사육된 닭들, 자연스럽게 키우면 무려 2,555일을 살 수 있는 생명이다. 그런데 요즘 닭의 일생은 30일이 되었다. 동물권을 운운하지 않더라도 이 얼마나 가혹한가. 100세도 모자라 120세 200세를 꿈꾸고 있는 인간들이다.

얼마 전, 영화 〈옥자〉를 다시 보았다. 미자가 옥자를 구해 계류장을 빠져나갈 때 곧 도축될 어미 돼지가 새끼 돼지를 옥자에게 던졌다. 아프가니스탄에서 미처 탈출하지 못한 아기 엄마가 아기만이라도 살리겠다고 던지는 장면과 무엇이 다른 것일까?

먹이 사슬의 가장 하위에 있지만 '그러라고 태어난 동물은 없다.'* 한밤중에 마주친 트럭에 실린 저 닭들은 모래 목욕을 한 번이라도 해 본 적이 있을까? 본성이 '호기심 천국'이라는데 창문도 없는 축사에서 무엇에 눈을 빛낼 수 있었을까? 그나마 오늘밤은 암모니아 냄새 나지 않는 신선한 공기를 마시며 난생처음 바깥세상을 구경하고 있었다.

*《아무도 존중하지 않는 동물들에 관하여》에서 인용, 리나 구스타프손, 2021.

2부

생태 보물섬, 유부도

미세 플라스틱이 반찬이라고?

지금 우리가 직시해야 할 심각한 진실

끓어오르는 지구 그리고 인류의 바다

넛지 효과

오늘 내가 버린 옷, 어디로 갔을까?

백령도 사곶 해변

생태 보물섬, 유부도

군산 앞바다에서 배로 오 분 거리에 있는 섬 유부도는 여의도 면적 사분의 일 크기이다. 서른다섯 가구 칠십여 명의 주민이 살고 있다. 하루에 두 번 바닷물이 빠지면 거대한 갯벌이 펼쳐진다. 이곳에는 갯벌의 시간에 맞춰 사람도 생물도 함께 출근한다. 물길이 열릴 때마다 아름다운 출근길이 펼쳐진다.

하루 두 번 너른 품을 내어주는 생태 보물섬 유부도, 시베리아의 혹독한 추위를 피해 수천 킬로미터를 날아온 철새들이 머물다 가는 곳이기도 하다. 검은머리물새 떼는 연미복을 차려입은 듯 깔끔한 모습에 눈과 부리가 빨강으로 색깔을 맞추고 있다. 튼튼한 부리는 굴 껍데기까지 열어 먹는다. 더러는 이곳에서 짝짓기하고 산란하여 새끼를 키운다. 자연이 잉태하고 갯벌이 키워 내는 것이다.

말뚝망둥어는 물고기지만 물이 빠진 갯벌에서도 펄쩍펄쩍 뛰어다니는 신통한 녀석이다. 엽낭게는 갯벌의 청소부다. 모래를 먹어 유기물을 흡수하고 남은 모래는 동그랗게 말아 뱉어낸다. 모래 경단이 많을수록 갯벌은 깨끗해진다. 도요새들에게도 중요한 쉼터가 된다. 물갈퀴가 없어 수영할 수 없는 도요새들은 썰물 때 갯벌이 드러나기를 기다려 먹이를 먹기 때문이다. 유부도에 사는 생물은 백이십여 종이며 이들은 이곳의 하위 생태계를 지켜가는 유부도의 보물들이다.

갯벌의 또 다른 주인공은 사람이다. 평생을 이곳에서 보낸 할아버지가 지나간 자리에는 하얀 길이 생긴다. 할아버지가 채취한 동죽이 놓이기 때문이다. 작은 동죽들의 행렬, 모래벌판의 유기물을 먹어 갯벌을 정화하는 동죽은 새들에게 영양 만점의 먹이다. 사람과 자연이 공존하는 아름답고 숭고한 풍경이 아닐 수 없다. 유부도 갯벌은 새들의 밥상, 그리하여 새와 사람은 식구가 된다.

유부도는 호주에서 동남아와 동아시아, 북극으로 이어지는 철새들의 이동 경로 한가운데에 있다. 따뜻한 호주와 뉴질랜드에서 겨울을 나고 시베리아에서 번식을 위해 북상하다 머무는 곳, 산란을 마치고 또 한 번 들르게 되는 휴게소 같은 역할을 하고 있다. 괭이갈매기, 저어새, 넓적부리도요새 등 매년 봄과 가을에 육십여 종 사십만 마리의 새가 찾아와 에너지를 보충하고 간다.

지난 연말, 보령에서 군산을 거쳐 부안으로 가는 길이었다. 군산에서 드넓은 새만금을 지나게 되었다. 새만금은 부안과 군산을 연결하는 국내 최장의 방조제다. 무려 33.9km를 축조하여 간척 토지 28,300ha가 조성되었다. 방조제 축조 당시에는 식량 증산을 위한 농토 확장이 목적이었으나 우리나라가 농업국을 탈피하면서 갯벌이 메워진 자리에는 산업단지가 들어섰다.

바다가 육지가 되었지만, 대신 서해안의 최대 갯벌은 사라졌다. 하여 유부도가 철새들의 마지막 쉼터가 되었다. 철새들의 마지막 쉼터 유부도는 유네스코 세계자연유산에 등재되었다.

한때 거주 인구가 많았던 1970년대부터 1985년까지는 유부도를 다니는 '새마을13호'라는 정기선이 군산항을 출발, 유부도와 군산 개야도를 돌아 왕복 운항하였지만, 지금은 개인 배를 이용하여 섬을 왕래할 수밖에 없다.

유부도는 한번 들어오면 빠져나갈 수 없었던 '지옥의 섬'이라는 오명을 뒤집어쓰게 된 적도 있다. 1974년 설립되어 정신질환자들이 수용되었던 사회복지법인 '장항 수심원' 때문이다. 심지어 멀쩡한 사람도 끌려와 인권유린의 악행이 25년 동안 자행됐다고 전해지는 이 시설은 언론을 통해 알려진 이후 1997년 강제 폐쇄되었다.

이런 사연을 안고 있는 유부도지만 요즘은 생태 보물섬으로 귀한 대접을 받고 있다. 오염되지 않은 환경을 직접 체험하고 싶거든 멀리 갈 것 없이 유부도에 가보라. 누가 뭐래도 이 섬의 자랑은 생태계의 보고인 드넓은 갯벌이다. 몇 명 살지도 않는 섬이라 서천과 군산에서 외면 받아왔지만, 그 덕분에 오히려 환경오염과 훼손이 되지 않아 지금은 생태 환경이 잘 보존된 섬이 되었다. 사람의 발길과 손길이 닿지 않은 덕분이니 아이러니가 아닐 수 없다.

유부도란 지명은 임진왜란 때 부자父子가 난리를 피해 섬에 머물게 되었는데, 아버지가 살던 섬은 유부도有父島, 아들이 살던 섬은 유자도有子島라고 부른 데서 유래했다고 한다. 고려시대부터 여러 명의 유배객이 이곳에서 한 많은 생을 마쳤다고 전해진다.

등가교환의 법칙은 물건의 가치만큼 돈을 지급하는 것처럼 그만큼의 뭔가를 희생해야 한다는 것을 말한다. 드넓은 갯벌이 메워지면서 토지는 넓어지고 그로 인해 좋아진 것도 많았다. 하지만 우리는 갯벌에서 누렸던 자연을 고스란히 잃었다.

수십 년이 지난 후, 외면받던 유부도가 주목 받기 시작했다. 생태학적으로 엄청난 가치를 지닌 섬이 되었기 때문이다.

미세 플라스틱이 반찬이라고?

몇 년 전부터 바닷가나 섬으로 여행을 많이 다니고 있다. 섬에 들 때마다 예전에 비해 섬 여행자들이 부쩍 늘어났다는 느낌을 받는다. 사람이 모이는 곳에는 쓰레기도 함께 따라오기 마련이다. 특히 섬에서는 배출한 쓰레기를 되가져와야 하지만 실천하는 사람이 많지 않은 것 같아 불편한 마음이 든 적이 많다. 섬 구석구석 사람들이 버리고 간 쓰레기가 쉽게 눈에 띄기 때문이다. 파도에 밀려온 것들도 있지만 이 또한 사람이 버린 것이다. 섬의 수려한 풍경에 마음을 빼앗기다가도 쓰레기 뭉치를 보는 순간, 기분이 상한다. 쓰레기는 비닐과 플라스틱이 주를 이룬다.

연전에 여수에서 배를 타고 소리도에 간 적이 있다. 오전 8시에 들어가면 오후 4시에나 나올 수 있는 곳이다. 섬이란 육지와 달리 불편한 것이 한둘이 아니다. 편의시설은 물론, 식당도 활성화되어 있지 않아 먹을 것을 준비해서 갔다. 가져간 생수로 라면을 끓여 끼니를 해결했다. 생수병, 라면 봉지와 라면수프 봉지까지 배낭에 넣어 챙겨 왔다. 소리도에는 우리의 발자국만 남기고 돌아왔다.

해양 쓰레기 때문에 우리나라 바다뿐만 아니라 세계의 바다가 심각한 상태라 한다. 특히 여름이 지나고 나면 쓰레기가 엄청나게 쌓인다고 한다. 휴가 때 찾은 바닷가에서 아름다운 추억을 쌓는다고 쓰레기까지 쌓아 놓고 온 것은 아닌지 한 번쯤 되돌아 볼 일이다.

국립 해양과학관 통계에 따르면, 올여름 전국 해수욕장 261곳에 총 3,942만 명이 방문했다. 작년과 비교해서 무려 73%나 증가한 숫자다. 코로나19 이후 최대 방문자 수라고 한다. 해변에 방문객이 증가한 만큼 해변의 쓰레기도 증가했다. 각종 비닐과 플라스틱 쓰레기로 전국의 해변이 몸살을 앓고 있다. 이렇게 해변에서 바다로 흘러 들어가는 해양 쓰레기만 해도 1년에 8백만 톤이 넘는다고 한다.

바다로 흘러간 비닐과 플라스틱은 바다 생물들에게 치명타를 입힌다. 플라스틱은 자연에서 만들어지는 것이 아닌,

NO PLASTIC

인간이 만들어낸 가공품이다. 그렇기에 자연 속에 플라스틱이 있다는 것 자체가 자연스러운 일이 아니다. 하지만 무분별하게 만들어내고 버려진 플라스틱은 결국 인간이 살고 있는 환경을 벗어나 자연 생태계에도 스며들게 되었다.

그중에서도 바다로 흘러 들어간 플라스틱은 분해되지 않고 잘게 부서지게 된다. 그것이 바로 미세 플라스틱이다. 미세 플라스틱을 플랑크톤으로 착각해서 먹게 되고 물고기와 고래 등과 같은 상위 포식자들이 플랑크톤을 먹으면서 먹이사슬에 있는 모든 해양 생물들이 미세 플라스틱을 섭취하게 된다. 그 끝에는 사람이 있다. 생선이나 조개류, 소금을 섭취하는 사람들도 결국 미세 플라스틱을 먹게 되는 것이다. 우리가 버린 쓰레기가 다시 우리에게, 우리의 식탁에 오르고 있다. 그 결과, 우리는 일주일에 신용카드 한 장 크기의 미세 플라스틱을 섭취하고 있다고 한다. 상황이 개선되지 않으면 지금보다 더 자주 미세 플라스틱을 먹게 될지도 모른다.

최근에는 이런 해변 쓰레기의 심각성을 깨닫고 바로 행동으로 실천하는 분위기가 이어지고 있는데, 바로 '비치코밍 Beachcombing' 활동이다. 비치코밍은 해변을 뜻하는 'beach'

와 빗질을 뜻하는 'combing'의 합성어로 해변에서 빗질하듯 쓰레기를 줍고 치우는 활동을 지칭한다. '비치코밍'은 쓰레기를 줍는 것에서 끝나는 것이 아니다. 주워서 재활용으로 처리하기도 하고, 모은 쓰레기로 액세서리나 예술 작품으로 업사이클링, 즉 자원의 재순환까지 모두 포함한 개념이다.

국제사회는 예전부터 해양 쓰레기 문제에 대해 심각하게 걱정해 왔다. 지난 1986년 미국 텍사스주에서는 기업 · 단체 · 학교 등이 근처에 있는 해변을 맡아서 반려동물처럼 돌봐주는 해변 입양 프로그램을 시행했다. '반려 해변' 제도이다.

우리나라에서도 최근 미래 세대가 함께 누릴 수 있는 깨끗하고 안전한 해양 공간 조성을 목표로 '반려 해변' 제도를 추진하고 있다. 정부의 정화 정책과 기업들의 참여도 많이 이루어지고 있지만, 시민들의 많은 관심과 적극적 행동 변화도 절실한 형편이다. 약 1만 5천 km의 우리나라 해변에서 해양 쓰레기가 없어지는 그날까지, 우리 모두의 지속적인 관심이 필요한 것이다. 환경을 보호해야 한다는 것은 이제 너무나 절실한 문제가 되었다.

주말이나 연휴에 가까운 해변으로 가서 우선하여 '비치코밍' 활동을 해 보는 것은 어떨까? 나아가 주말농장에서 농사를 짓듯이, 바닷가 모래밭도 분양받아 해변을 정화하는 데 동참할 수 있다면 해양 쓰레기를 줄이는 데 한몫을 하지 않겠는가. 이런 활동이 힘들다면 일상에서 비닐과 플라스틱 쓰레기의 철저한 분리 배출과 재활용 그리고 사용량을 줄이는 것만 실천해도 우리의 환경은 더이상 나빠지지 않을 것이다.

지금 우리가 직시해야 할 심각한 진실

해마다 석화가 나는 겨울이면 통영 'ㅇㅇ수산'에서 문자가 날아든다. 생굴, 멍게, 가리비, 바지락 등이 출하되었다고 예년처럼 이용해 달라는 안내 문자이다.

우리 집은 해산물을 좋아해서 즐겨 먹는 편이다. 몇 해 전부터 통영에서 직접 구매하기 시작했는데 신선도가 마트에서 사는 것과 비교가 되지 않았다. 통통한 생굴이며 진한 향과 쌉싸래한 맛이 일품인 멍게, 속이 꽉 찬 왕 바지락은 초봄까지 식탁의 주인공이 되었다. 하지만 날로 심각해지는 해양 오염 때문에 께름칙한 마음이 들어 올해는 선뜻 주문할 수가 없었다.

지난달 모임에서 누군가가 천일염을 몇 자루 사 놓았다고 했다. 일본이 '후쿠시마 오염수'를 조만간 방류한다는 뉴스를 보고 소금이라도 미리 사 두었다는 것이다. 평생 먹을 수 있는 것도 아닌데 불안한 마음이 든 모양이었다. 이 일이 소금 몇 자루 쟁여 놓는다고 해결될 일인가?

동일본 대지진이 발생한 지 12년이 지났다. 이 지진은 일본 도호쿠東北 지방에서 2011년 3월 11일 14시 46분경 발생했다. 일본 관측 사상 최대인 리히터 규모 9.0의 대지진이었다. 1900년 이후 전 세계에서 발생한 네 번째로 강력한 지진으로 기록됐다. 그로 인한 쓰나미로 후쿠시마현福島県에 있는 원자력발전소에서 방사능이 누출된 사고가 발생했다. 일본 정부는 이 사고의 수준을 등급 7로 발표했는데, 이는 국제원자력사고등급INES 중 최고 위험단계로 1986년 발생한 소련 체르노빌원전사고와 동일한 등급이다.

12년 전 그날, 나는 어느 매장 앞 텔레비전에서 그 엄청난 사건을 목도했다. 쓰나미가 덮쳐 오는 장면은 실로 어마어마했다. 눈앞에서 일어난 일이 마치 재난 영화를 보고 있는 것 같은 착각이 들 지경이었다.

방사능이 누출된 후쿠시마는 사람이 살 수 없는 곳이 되었다. 그곳에서 뿌리를 내리고 살던 주민들은 일본 각지로 뿔뿔이 흩어졌다. 오염수는 쌓여 갔다. 일본 정부는 고향을 떠난 사람들에게 아직도 안전하지 않은 후쿠시마로 돌아가라고 말하고 있다. 일본이 정직한 나라인가? 일본인 중에는 정직한 사람도 있겠지만 일본 정부가 하는 것을 보고 있으면 그 말에 절대 동의할 수가 없다.

일본은 '후쿠시마 오염수'를 '정제된 처리수'로 만들어 내보내겠다고 말한다. 하지만 제대로 된 검증과 수십 가지 검사를 다 하지 않고 처리수인 양 바다로 흘려보낼 준비를 착착 진행하고 있다. 무려 130만 톤의 오염수를 30년에 걸쳐 바다로 흘려보낸다고 전해진다. 후쿠시마 어민들의 한숨 소리는 뒤로한 채, 아무런 문제가 없다며 홍보에 열을 올리고 있다.

오염수가 방류되면 일본과 가장 가까운 우리나라 바다는 어떻게 될 것이며 바다를 삶의 터전으로 살고 있는 어민들의 생업은 또 어떻게 될 것인지 심각하게 걱정하지 않을 수 없다. 나아가 그동안 먹어 왔던 해산물을 우리 국민은 더이상 식탁에 올릴 수 없을지도 모른다. 보도에 따르면, 불안한 마음이 먼저 반영된 탓인지 부산 자갈치시장에 생선을 사러 오는 사람들이 현격히 줄었다고 한다.

'후쿠시마 오염수' 방류는 후쿠시마산 수산물과 직결된다.

지금은 후쿠시마산 수산물이 우리나라에 수입이 규제되어 있지만 오염수 방류를 막지 못하면 후쿠시마 수산물 규제가 해제될 수도 있기 때문이다. 뻔뻔한 일본은 벌써 후쿠시마산 수산물을 수입하라고 우리 정부를 압박하기 시작했다. 이것은 생존과 안전의 문제이다. 섣불리 판단해서는 절대 안 될 일이다.

인접국인 우리나라는 일본의 '후쿠시마 오염수' 방류를 저지할 수 있는 권한이 있다고 한다. 그런데 가장 이른 시일 안에 영향을 받게 될 우리 정부의 견해는 무엇인지 잘 모르겠다. 수수방관, 아무런 대책이 없어 보인다. 전 세계의 해양학자, 생물학자들이 오염수 방류에 대단한 우려를 표하고 있고, 태평양에 있는 섬나라들은 오염수의 안전성이 확보되지 않는 한, 방류해서는 안 된다는 분명한 입장을 취하고 있다. 당연하고도 당연한 일이다. 일본은 '후쿠시마 오염수'가 안전하다는, 투명하고도 명확한 근거와 자료를 내놓아야 한다.

지금, 일본 정부는 후쿠시마 원전 폭발로 생긴 오염수를 바다에 방류하려 하고 있다. 오염수 방류로 또 다른 비극이 시작되지 않도록 필사적으로 막아야 하지 않느냐고 우리 국민은 정부를 향해 묻고 있다.

FUKUSHIMA

끓어오르는 지구 그리고 인류의 바다

얼마 전, 과수 농사를 짓는 지인이 천도복숭아를 보내왔다. 생각지도 못한 선물을 받은 셈인데 크기도 크기려니와 맛이 일품이었다. 하나를 먹고 바로 주문했더니 보내 줄 것이 없다고 했다. 애써 지은 과일들이 잘 팔려서 다행이라고 덕담했다. 의외의 대답이 돌아왔다. 올 농사는 망쳤다며 한숨을 내쉬었다. 폭우에 떨어지고 폭염에 병들어 주문받은 몇백 상자를 다 취소했다는 것이다. 그 와중에 질 좋은 과일을 보내 주었으니 더욱 고맙고 한편으로 미안한 마음이 앞섰다.

7월에 무섭게 쏟아진 폭우를 생각하면, 8월에 온 세상을 뜨겁게 달구던 폭염을 생각하면 과일인들 무사할 리 있었겠는가. 특히 기후에 절대적 영향을 받는 것이 농산물이 아닌

가. 요즘 장을 보러 마트에 가면 채소나 과일 가격이 겁나게 올라서 선뜻 손이 가지 않는다. 흠이 있는 채소나 과일을 만지작거리기도 한다. 벌써부터 김장 걱정이 된다. 기후 위기가 식량 위기로 이어진다는 말이 점점 피부에 와닿는 느낌이다.

세계 최대 곡물 생산지인 우크라이나는 아직도 전쟁 중이고 태평양 건너 미국 전역에는 사상 유례없는 기후 변화가 일어나고 있다. 지상의 낙원이라는 하와이 마우이섬에서 일어난 산불은 3일 만에 50명 넘는 사망자를 냈다. 계속된 가뭄에 불이 났고 때마침 불어닥친 허리케인 때문에 산불은 걷잡을 수 없이 번져 마우이섬을 잿더미로 만들었다.

애리조나에서는 40℃를 웃도는 살인적인 폭염이 한 달 넘게 계속되자, 그곳의 명물 대형 선인장들이 말라 죽었다. 한밤중까지 폭염이 이어져 질식사했다는 것이다. 플로리다의 바닷물이 38℃가 넘어 바다도 백화 현상이 일어나 사막화가 진행되고 있다.

먼 나라 이야기를 뉴스로 보면서 먼 나라 이야기 같지 않게 느껴지는 것은, 우리나라 역시 피해 갈 수 있는 일이 아닌 것 같아서다. 다 열거하기도 힘들지만 그야말로 세계 곳

곳이 아수라장인 것 같다. 인간이 훼손한 지구는 온난화를 넘어 불타고 있다는 무시무시한 말이 나오기 시작했다.

안토니오 구테흐스Antonio Guterres 유엔 사무총장은 "지구 온난화 시대는 끝났습니다. 지구가 끓어오르는 시대가 왔습니다."라고 말했다. 전 세계에서 현재 일어나고 있는 현상들을 보면 인정하지 않을 수 없는 말이다.

지상에서 일어나는 일도 감당하기에 힘들고 벅찬데 일본은 2023년 8월 24일 오후 1시 3분 후쿠시마 핵 오염수를, 함께 살아갈 인류의 바다에 방류하고 말았다. 안일하게도 설마 했었다. 일본 내에서도 방류해서는 안 된다는 반대의 목소리가 높고 우리나라를 뺀, 주변국들이 적극적으로 반대했으나 언제 끝날지 모르는 핵 오염수는 지금, 이 시각에도 바다로 흘러가고 있다. 고체화시켜 땅에 묻는 방법도 있고, 수증기로 날려 버리는 방법 등 대안이 없는 것도 아닌데 가장 쉽고, 가장 저렴한 비용으로 처리하기 위해 일본만의 바다가 아닌, 인류의 바다로 오염수를 투기했다.

과연 이렇게 해도 되는가? 이것이 올바른 길인가? 일본의 주장대로 안전하다면 바다로 방류할 필요도 없을 터인데 자가당착自家撞着도 유분수지 자국의 어민들에게 피해 보상을 해 준다고 한다. 그렇다면 우리나라 어민들도 일본에서 보상해 주어야 하지 않을까? 경계가 없는 바다, 최인접국인 우리나라 어민들이 입을 피해는 일본이 해 주는 것이 지극히 당연하고 마땅한 일이라 생각한다. 그런데 일본은 그러지 않겠다고 한다. 무슨 이런 경우가 있는지 이해하기 힘들다.

우리나라의 대책은 어민들을 위해서 기업이나 학교 급식에 수산물 소비를 촉진시키겠다고 한다. 오염된 바다에서 나는 수산물이 방사능에 피폭되지는 않았을까 불안하여 먹지 않겠다는 국민에게, 아이들에게 먹이지 않으려는 부모들에게 이런 대책이 먹히기나 할는지, 이런 것이 대책인지 되묻고 싶다.

지구는 온난화 시대를 넘어 끓어오르는 시대가 되었는데 인류의 바다는 핵 오염수로 바다 생물들에게 어떤 영향을 미칠지 모를 시대를 우리는 아무렇지도 않게 살아가야 하는지? 한세월 살아온 우리야 그렇다손 치더라도 이런 세상을 과연 미래 세대에 물려주어도 되는가? 기성세대로서 심히 부끄럽고 아무것도 할 수 없는 무력감에 우울하기까지 하다. 그럼에도 불구하고 세계 시민의 한 사람으로서 목소리를 내본다.

"일본 정부와 도쿄 전력은 핵 오염수 해양 투기를 당장 멈추어 주십시오!!"

넛지 효과

폭염과 폭우로 위세를 떨쳤던 올여름이 처서를 즈음하여 소리 소문 없이 꼬리를 감췄다. 참으로 끝날 것 같지 않던 견디기 힘든 여름이었지만, 하루아침에 공기가 확 달라졌다. 절기에 맞춰 계절을 느끼게 해 주는 자연의 법칙이라니!

한숨 돌리나 싶었는데 이제는 태풍이 온다고 연일 뉴스 시간을 장식했다. 제11호 태풍 '힌남노'는 '사라호'나 '매미'보다 센, 엄청난 태풍이라며 사람들의 마음을 졸아들게 했다. 추석 직전에 닥칠 태풍 때문에 내남없이 걱정이 태산이었다. 몇 년 전 태풍 '차바'로 아파트 베란다 창이 와장창 깨진 경험이 있어 나는 더 심란했다. 무시무시한 강풍에 쏟아붓는 폭우에 시설물 피해나 낮은 지대의 침수는 불을 보듯 뻔했다. 인명 피해라도 없어야 하니 각자 조심하라고 했다.

태풍이 오기 전에 전통시장으로 장을 보러 갔다. 그렇지 않아도 물가는 하늘을 찌르는데 태풍이 지나가면 농산물은 더 오를 것이 뻔하므로 서둘러 장바구니를 챙겼다. 마침 전통시장 활성화를 위해 해양수산부에서 수산물을 구매하면 구매 금액에 따라 '온누리 상품권'을 주는 행사를 하고 있었다. 어차피 명절에 쓸 생선을 사야 했기에 잘된 일이었다. 칠만 원어치 수산물을 사고 '온누리 상품권' 이만 원을 받았다. 30%의 절감 효과가 있었다. 주변에 정보도 공유했다.

장을 본 뒤, 돌려받은 상품권으로 시장 안 칼국수 집에서 점심을 해결했다. 물건도 저렴하게 구매한 셈이고 밥까지 먹었으니 일거양득, 기분이 좋았다. 따지고 보면 돈은 시장에서 다 쓰고 왔지만, 할인 혜택은 확실히 받았다.

단톡방에 정보를 공유했더니 다른 정보가 올라왔다. 정해진 기간 내(9.1. ~ 9.7.) 전통시장이나 골목상권 소상공인 매장에서 삼만 원 이상 산 영수증으로 '영수증 복권'을 신청할 수 있다는 것이다. 전 국민을 대상으로 중소벤처기업부와 소상공인 시장 진흥공단에서 주최하고 주관하는 사업의 일환으로 당첨 규모가 무려 십이억, 영수증 복권 1등에 백만 원(500명), 2등은 오십만 원(1,000명), 3등은 십만 원(2,000

명)을 준다고 한다. 영수증이 상생 소비 복권이 되었다.

물론 당첨이 되면 더할 나위 없이 좋겠지만 우리가 복권을 살 때 꼭 될 것이라고 믿으며 사지는 않는다. 행운을 바라는 마음으로 사는 것이지 않은가. 이러한 사람의 심리를 은근슬쩍 영수증에 얹어 소상공인들과 전통시장을 활성화하는 것에 활용하고 있다. 이른바 넛지 효과다.

넛지nudge는 '옆구리를 슬쩍 찌른다.'라는 뜻으로 강요에 의하지 않고 유연하게 개입함으로써 선택을 유도하는 방법을 말한다. 부드러운 개입을 통해 타인의 선택을 유도하는 것을 뜻하는 '넛지'라는 단어는 행동경제학자인 리처드 탈러Richard H.Thaler 시카고대 교수와 카스 선스타인Cass R. Sunstein 하버드대 로스쿨 교수의 공저인 《넛지》에 소개되어 유명해진 말이다.

이들에 의하면 강요에 의하지 않고 자연스럽게 선택을 이끄는 힘은 생각보다 큰 효과가 있다는 것이다. 예를 들어 의사가 수술해서 살아날 확률이 90%라고 말했을 경우와 수술을 해서 죽을 확률이 10%라고 말했을 경우 중 죽을 확률을 말했을 때, 환자 대다수가 수술을 거부했다고 한다. 또한 네덜란드 암스테르담의 스키폴 공항 남자 소변기 중앙에 파리

그림을 그려놓았더니, 변기 밖으로 튀는 소변의 양이 80%나 줄었다고 한다.

강요에 의하지 않고 유연하게 개입함으로써 선택을 유도하는 방법은 세련되고 고차원적인 방법이 아닐 수 없다. 영수증과 복권을 결합한 사례는 해외에도 있다. 탈세를 막기 위해 영수증 복권 제도를 시행하고 있는 나라는 타이완이 대표적인데, 부가세 누락률이 복권 제도를 시행한 이후 1982년에는 0.1%까지 떨어졌다고 한다. 이탈리아도 탈세 문제를 해결하기 위해 작년부터 영수증 복권 제도를 시행하고 있다. 그러나 긍정적인 면이 있으면 부정적인 면도 있을 수 있다. 부디 나쁜 의도로는 쓰이지 않았으면 한다.

제11호 태풍 '힌남노'가 지나갔다. 그 위력이 뉴스 특보에서 말한 만큼은 아니어서 한숨 돌리긴 했으나 그래도 제주도와 부산, 울산, 경주, 포항에 큰 피해를 주고 동해로 빠져나갔다. 인명 피해도 12명이나 발생했다.

그렇게 내리퍼붓던 비가 언제 그랬냐는 듯 그치고 해가 반짝 났다. 또 다른 태풍을 대비해야 하지만, 이제는 우리 모두 서로의 옆구리 슬쩍 찔러 수해 입은 이재민들의 아픔을 조금이나마 줄여 줄 수 있다면 좋겠다.

오늘 내가 버린 옷, 어디로 갔을까?*

대서양 연안에 있는 가나의 아크라는 날마다 파도에 떠밀려 온 옷들 때문에 몸살을 앓고 있다. 얽히고 뭉쳐서 밀려온 옷 뭉치들, 이것을 치우는 것이 마을 사람들의 일상이 되었다. 이들이 산 적도, 입은 적도 없는 먼 나라의 옷들 때문에 바다를 삶의 터전으로 살아가는 이들에게 큰 고민이 생긴 것이다.

아크라 인근의 도시 칸타만토는 의류 중고 시장으로 세계 최대 규모를 자랑한다. 세계 각국에서 수입한 헌옷이 이 시장에서 거래된다. 이곳 중고 시장에는 매주 천오백만 개의 헌옷 꾸러미가 들어온다. 꼼꼼히 포장된 헌옷들은 운이 나쁘면 팔 수 없는 옷들이 나오기도 한다. 포장을 뜯어야 알 수 있기 때문인데 이곳에서도 주인을 찾지 못한 옷들이

40%나 된다.

팔지 못한 옷들은 어디로 갈까? 그 옷들은 거대한 무덤을 이루며 쌓여 간다. 그 무덤 위에서 풀 대신 합성 섬유 조각을 뜯고 있는 소의 모습을 볼 수 있으며 시장에서 1km도 떨어지지 않은 강으로, 그리고 바다로 흘러 들어간다. 생계를 위해 받아들인 것이 이들의 생존을 위협하고 있다. 이곳에는 아픈 문명의 기록이 날마다 쓰이고 있다.

우리는 옷을 버릴 때, 별다른 죄책감을 느끼지 않는다. 헌 옷 수거함이 있기 때문이다. 버리면서 누군가 고맙게 다시 입을 것이라고 믿는다. 낡은 것은 별로 없다. 더는 필요 없어서 버리는 것이다. 포장도 뜯지 않은 새것도 버려진다. 한 수거업체 대표는 이 일을 하면서 이십 년 동안 옷을 산 적이 없다고 한다.

우리나라는 헌옷 수출국 세계 5위로 미국, 영국, 독일, 중국 다음이다. 헌옷이 국내에서 소화되는 비율은 단 5%, 나머지는 수출에 의존하고 있다. 160가지로 분류된 옷들은 전 세계 개발도상국으로 수출된다. 심각한 환경 문제로 해외에서 더이상 받지 못하겠다고 하면 국내에서 떠안아야 하는데 해결책은 있는 것일까?

대량으로 생산하고 저렴하게 팔지만 그것이 다 소비되지 못하고 있다. 일주일마다 신상품이 나온다. 패스트 패션은 아무래도 유행에 민감한 MZ세대들이 많이 소비한다. 그들의 옷 소비성향은 싸니까 쉽게 사고 옷도 일회용품과 같이 생각한다. SNS에 올리기 위해 매번 같은 옷 입기를 꺼린다. 인터넷 구매를 하면 소비자가 관심 가질 만한 알고리즘이 뜨고, 그것이 불필요한 소비로 이어진다.

일 년에 생산되는 옷은 천억 개, 일 년 안에 사라지는 옷 삼백삼십억 개다. 저렴한 가격에 고민 없이 사고 한 철 입고 버린 옷, 그 편리함의 대가를 산 적도, 입은 적도 없는 먼 나라 사람들이 치르고 있다면, 그것이 돌고 돌아 다시 우리에게 영향을 끼친다면 옷에 관한 생각을 바꾸어야 하지 않을까.

오늘 산 티셔츠, 내일 버릴 청바지의 환경 가격에 대해 알아보자. 커피 한 잔 값으로 살 수 있는 흰 티셔츠는 염색할 때 2,700L의 엄청난 양의 물을 사용한다. 한 사람이 3년간 마실 수 있는 양이다. 삼만 원도 채 하지 않는 청바지 한 벌을 만들 때 나오는 탄소 배출은 33kg, 차가 111km를 달릴 때 나오는 탄소를 내뿜는다. 이런 청바지가 일 년에 사십억 벌써 생산된다.

얼마 전, 한 스포츠 의류업체에서 폐페트병 15개를 갖고 오면 자사 제품 티셔츠로 교환해 주는 이벤트를 했다. 반응이 뜨거워서 금세 마감이 되었다. 환경을 생각하는 좋은 취지로 인식하여 많은 사람이 동참했다.

폐페트병이 재활용 시장에서 인기가 높은 이유는 활용도가 높아서다. 옷으로 재탄생시켜 친환경 제품이라며 홍보하는 의류업체들 때문에 가격이 껑충 뛰었다고도 한다. 사람들은 페트병으로 만든 옷을 입으면 자신이 바닷속이라도 청소한 듯 착각한다. 과연 그럴까? 플라스틱 의류는 환경오염의 근본적인 해결책이 아니다. 세탁할 때마다 미세 플라스틱을 배출하는 옷을 입고 좋아할 일은 아니다.

섬유산업에서 사용하는 물의 양은 전체 산업의 10%를 차지한다. 옷을 만들고 폐기하는 과정에서 발생시키는 환경오염은 전 세계 항공기와 선박이 발생시키는 것보다 높다. 2019년 이후, 프랑스에서는 헌옷 소각을 법으로 금지하고 있지만, 우리나라는 그렇지 않다.

지구 환경에 엄청난 영향을 미치는 패스트 패션은 지양해야 한다. 의류업체는 생산량을 조절해야 할 것이다. 대량 생산으로 다 팔지 못하고 포장도 뜯지 않은 새 옷들이 불구덩이로 들어가는 일은 하지 말아야 할 것이다.

실상을 알고 나니 입지도 않는 옷들을 헌옷 수거함에 함부로 갖다 넣기도 고민스럽다. 새 옷을 사지 않은 지 꽤 되었다. 대신 수시로 옷장 문을 열고 계절이 지나기 전에 한 번씩 입어 보려고 애쓴다. 십 년 전에 산 원피스도 멀쩡하고, 청바지는 몇 개나 된다. 낡아서 못 입을 때까지 과연 다 입을 수 있을까? 언젠가 결국은 버려져서 썩지도 않을 옷들을 보며 과연 우리는 지금 어디로 가고 있는지, 우리가 지구에 무슨 일을 저질렀는지 깊은 고민에 빠지지 않을 수 없다.

* KBS 다큐 환경스페셜 제목 인용과 자료 참고

백령도 사곶 해변

따오기 한 마리 흰 날개로 날아오르는 모습의 백령도, 그곳에 다녀왔다. 인천항에서 뱃길로 네 시간이나 걸리는 먼 섬이다. 울산에서 출발하면 편도 7~8시간은 족히 걸린다. 그 먼 길을 가려고 선뜻 마음을 냈다고 쉽게 갈 수도 없다. 안개나 풍랑 등으로 뱃길이 자주 끊기기 때문이다. 특히 봄에는 안개가 잦아 단번에 들어가기가 어렵다. 용케 들어갔지만, 며칠씩 발이 묶이기도 한다.

백령도에 들기 위해 한 달 전에 배표를 예매해 놓고 날씨가 좋기만을 바랐다. 다행히 운이 따라 출발할 때 날씨가 아주 좋았다. 바닷길도 평평한 장판 같았다. 백령도 입도와 출도에 얽힌 여러 일화가 무색하리만치 가벼운 멀미조차 하지 않고 백령도에 첫발을 디뎠다.

일박이일 동안 아름다운 백령도의 속살까지 제대로 보고 가리라 작정했다. 하룻밤을 묵을 민박집은 사곶 해변을 바로 앞에 두고 있었다. 여장을 풀고 바닷가로 나갔다. 물이 빠져나간 드넓은 모래밭은 모래밭 같지 않게 단단했다. 세립질의 석영사石英沙로 이루어졌기 때문이다.

사곶마을의 해안은 해수욕장 겸 천연비행장으로 유명한 곳이다. 썰물 때는 거의 수평에 가깝게 평평한 모래판이 너비 200m, 길이 2㎞ 가량 이어진다. 규조토로 되어 있어 콘크리트 바닥처럼 단단하다. 자동차가 달려도 바퀴가 전혀 빠지지 않을 정도라 비행기의 이착륙 시 활주로로 이용할 수 있는 천연 비행장이다.

바닷가 모래사장을 이용하는 천연 비행장은 현재 전 세계적으로 이곳과 더불어 이탈리아의 나폴리 해안 단 두 곳이 있다고 한다. 한국전쟁 때에는 실제로 비행장으로 활용되었다. 유엔군 작전 전초기지로서의 비행장 역할을 하여 군 작전에 크게 공헌하였다. 군사 통제구역으로 민간인 출입이 통제되었으나 1989년 초에 해제되면서 여름 휴양지 사곶 해수욕장으로도 유명해졌다.

모래사장을 걷는데 발이 빠지지 않는 신기한 체험을 했

다. 관광객이 자동차를 몰고 달리는 것을 목격하기도 했다. 민박집 주인은 사곶 해변에서 자동차 질주는 금지한다며 눈살을 찌푸렸다. 못하게 하면 더 하고 싶은 것이 사람 심리지만, 세계에서 단 두 곳뿐이라는 해변을 잘 보존해야 하는 것도 의식 있는 관광객들의 자율적 의무가 아닐까 싶었다.

민박집 주인은 이곳 태생으로 할아버지 때부터 뿌리를 내리고 사는 백령도 원주민이었다. 그러니까 이곳에 대해 모르는 것이 없었다. 전문 가이드 못지않게 백령도를 속속들이 안내해 주었다. 끝섬 전망대에서 백령도의 총론을 들었다. 현재 인구는 만여 명 정도인데 주민이 오천 명, 군인이 오천 명이며 영화관 빼고는 없는 것이 없는 섬이라 했다. 섬이지만 어업에 종사하는 인구는 2% 정도, 의외로 농사를 많이 짓는다고 했다. 쌀농사를 지으면 백령도 주민이 4년간 먹을 수 있을 만큼 생산된다고 한다.

끝섬 전망대에서 개략적인 설명을 듣고 백령도 속으로 들어갔다. 백령대청 지질공원은 세계 문화유산 유네스코에 등재를 신청해 둔 곳으로 갈매기들이 알을 품고 있는 모습을 볼 수 있고, 운이 좋으면 점박이물범들을 볼 수 있는 아름다운 곳이었다. 콩돌 해변은 사곶 해변의 단단한 모래밭과는 달리 이름 그대로 콩알처럼 동글동글한 돌들이 깔려 있었다. 이곳에서는 신발을 벗고 맨발로 걸으며 자신의 건강을 체크해 보라고 했다. 맨발로 걸어도 발바닥이 아프지 않으면 건강에 이상이 없다고 했다. 물 맑기가 이루 말할 수 없고 풍광 또한 절경이었다.

서해 최북단 백령도 비를 들러 심청각으로 갔다. 심청각에서 장산 반도가 바로 보였는데, 북한 땅이 얼마나 가까운지 실감났다. 묘한 긴장감 속에서도 '장산곶 마루에'로 시작되는 〈몽금포 타령〉이 절로 흥얼거려졌다. 늦은 오후에 예약해 둔 유람선을 타러 갔다. 두무진을 보기 위해서였다. 백령도에 가면 유람선을 꼭 타보라고 했다. 서해의 해금강이라고 불릴 만큼 비경을 간직한 두무진을 보았다.

하루 일정을 끝내고 숙소로 돌아와 잠시 휴식을 취한 뒤, 다시 바닷가로 나갔다. 해 질 녘 사곶 해변을 걸었다. 자연이 준 선물, 사곶 해변은 보면 볼수록 멋진 곳이었다. 세계 단 두 곳 중 한 곳이라는 사실을 상기하며 해변을 산책했다. 붉은 해는 마을 쪽으로 기울고 있었다. 서해 최북단 백령도에서 일몰을 맞이했다.

민박집 주인의 말에 의하면, 사곶에 비행장이 생길지도

모른다고 했다. 백령도에 비행장이 생길 것이란 말은 어디선가 들은 적이 있긴 했다. 그러나 원주민들은 반대한다고 한다. 관광객들은 비행기로 백령도에 갈 수 있다면 여러모로 편리하겠지만 '편리'의 대가는 간단치 않을 것 같다. 자연환경이 오염되고 훼손될 것은 불을 보듯 뻔하기 때문이다.

조용하고 아름다운 백령도를 있는 그대로 두기를 소망한다. 뱃길이 멀고 쉬 드나들지 못해도, 그래서 잘 보존될 수 있다면 불편한 것쯤 감내할 수 있지 않을까 싶다. 쉽게 갈 수 없는 아름다운 섬 하나쯤 남겨 놓기를 바라는 마음이 지나친 욕심은 아닐 것 같다. 그것이 백령도를 지키는 더 큰 가치가 될 수 있다고 믿기 때문이다.

3부

상어의 슬픈 초상

사과의 몸값

하인리히 법칙

냉장고 털어먹기

꿀벌 식당

티핑 포인트

아름다운 세상

AI 경쟁 속, 숨겨진 환경비용

상어의 슬픈 초상*

상어 지느러미로 만드는 샥스핀Shark's Fin은 중국 고급 요리 중 하나이다. 그러다 보니 중국은 물론이고 홍콩, 대만 등 중화권에서 상어 지느러미를 많이 찾는다. 샥스핀 요리의 유래는 명나라 때로 거슬러 올라가야 할 만큼 오랜 역사를 가진 중국 요리이다. 고급 요리로 옛날에는 아무나 먹을 수 없는 진미 중 진미였으나, 중국의 경제 성장 이후 중산층이 눈에 띄게 늘어나자 상어 지느러미 요리를 찾는 사람이 많아졌다. 돈만 있으면 누구나 사 먹을 수 있게 된 것이다. 당연한 일이지만, 죽어 나가는 것은 상어였다.

상어 지느러미를 끓는 물에 삶아내면 힘줄이 당면처럼 풀어지는데 이것을 요리 재료로 쓴다. 샥스핀 요리는 젤라틴 그 자체의 식감을 즐기는 음식으로 곤약과 비슷한 성질을 가지고 있다. 여기에 고급 양념이 샥스핀의 맛을 완성한다고 한다. 정작 상어 지느러미는 아무 맛도 나지 않는다는 것이다. 그런데 왜 비싼 돈을 주고 이 요리를 먹는 것일까? 그것은 맛보다도 과시의 목적이 더욱 강하다. 중국인들에게 있어서 샥스핀 요리는 부의 상징이자, 출세의 증거라는 인식을 하고 있기 때문이다.

텔레비전에서 상어에 관한 다큐를 본 적이 있다.

마다가스카르는 아프리카에서 동쪽으로 400km 떨어진 곳에 있는 섬나라다. 모잠비크 해협을 사이에 두고 있으며 면적은 남한의 약 6배 정도이다. 카멜레온과 여우원숭이가 살고 있는 곳, 250여 종의 상어 중 70여 종이 이곳에 서식하는 상어의 천국이기도 하다. 그런데 상어가 점점 사라지고 있다.

마다가스카르의 원주민 베조족은 '바다의 사람'이라는 뜻을 가지고 있는데, 그들은 어릴 때부터 배 만드는 기술을 익힌다고 한다. 바다가 그들 삶의 터전이기 때문이다. 그들은 바다에서 꼭 필요한 만큼만 고기를 잡으며 소박하게 살아왔다. 어쩌다 상어가 잡히면 상어의 심장과 이빨을 걸어 두고 혼을 달래는 풍속이 있었다. 바다와 공존하며 평화롭게 살아온 그들에게 변화가 생겼다.

언젠가부터 상어가 아니, 상어의 지느러미가 돈이 된다는 것을 알게 된 것이다. 무분별한 남획이 시작되었다. 처음에는 바다에 나가기만 하면 상어를 쉽게 잡았다. 너도나도 돈을 벌기 위해 급기야 선단을 이루어 상어를 마구 잡았다. 그 결과 이제는 상어가 예전만큼 잘 잡히지 않았다. 상어는 번식력과 생존력이 낮아서 번식기에는 조업이 금지되지만, 원주민들은 그런 사실조차 인지하지 못하고 마구잡이로 상어를 잡았다. 바다에서 상어 보기가 점점 힘들어졌다.

한동안 상어를 잡지 못하다가 상어를 잡아서 돌아온 날, 축제를 하듯 마을 사람들이 모여들었다. 그 자리에서 잡아온 상어의 해체 작업이 시작되었다. 먼저 가장 돈이 되는 지느러미를 조심스레 잘라냈다. 배를 갈랐더니 상어의 뱃속에서 무려 11마리의 새끼 상어가 나왔다. 어미가 살던 바다를 보지도 못한 채, 사람에게 죽임을 당한 것이다.

딴 나라 바다에서 잡힌 상어는 지느러미만 떼어 내고 산 채로 바다에 던져진다. 지느러미가 없어 헤엄칠 수 없는 상어는 질식해 곧 죽어 버린다. 바다 생태계가 교란되는 것은 말할 것도 없다. 그러나 마다가스카르의 베조족은 예전과 달리, 상어 고기를 마을 사람들과 나누어 먹었다. 잘라낸 지느러미는 손질하여 염장 건조시킨 후 큰 도시로 팔려 갔다. 주로 중국 상인들이 사 갔다.

마다가스카르의 또 다른 어촌 마을에서는 심해 상어를 잡았다. 해저 500m에 사는 심해 상어는 귀상어나 고래상어에 비해 아주 작은 상어다. 깊디깊은 바다에 살다 보니 눈이 퇴화하고 낚시에 잡혀 올라오는 즉시 죽어 버린다. 수압을 견디지 못해서다. 잡은 심해 상어는 곧바로 배를 갈라 제 몸보다 1.5배나 큰 간을 빼낸 후, 바다에 버려진다. 간은 다른 나라로 팔려 나가는데 생간을 그대로 수출할 수 없어 가공한다.

간을 잘게 썰어 끓이면 기름이 나오고 그것이 불포화 탄화수소유 무색의 스쿠알렌이다. 기름을 걸러낸 찌꺼기는 화장품 등에 사용된다. 한국이 주요 소비국 중의 하나라고 하니 놀랍기도 하다. 사람이 먹는 음식이나 건강식품이 이런 무자비한 과정을 거쳐서 우리 앞에 놓인다는 사실은 무척 충격적이다. 이렇게 꼭 먹어야만 하는 것일까?

부와 출세의 상징으로 샥스핀 요리를 먹고 건강하게 오래 살겠다며 스쿠알렌을 챙겨 먹는 사이, 상어는 점점 바다에서 사라져 간다. 사람들이 이런 과정을 안다면 굳이 먹으려고 할까? 인식을 바꾸지 않으면 암울한 우리의 앞날은 불을 보듯 자명하다. 한 종種이 사라진다는 것은 생태계 전체가 사라지는 것과 같다고 한다. 이것은 인간의 이기심과 탐욕이 빚어낸 결과이며 상어가 사라진 바다는, 우리에게 슬픈 미래가 펼쳐질 것이라고 소리 없이 경고하고 있다.

* KBS 다큐 환경스페셜 제목 인용과 내용 참고

사과의 몸값

설 연휴가 끝났다. 명절을 전후로 고물가에 대한 우려 섞인 걱정들이 터져 나왔다. 특히 과일이 올라도 너무 올랐다. 제수용 사과 하나에 만 원이 넘었다는 믿기 어려운 일이 일어났다. 돌이켜보면 물가는 야금야금 오르고 있었지만 근래에 들어서는 상상을 초월한다.

우리 집은 설 열흘 전에 시부모님 제사가 있어 제사 준비와 설 준비를 같이 한다. 서너 번의 장을 보면서 무섭게 올라 버린 물가에 한숨이 절로 났다. 고물가에 장바구니는 전에 없이 가벼워졌다. 넉넉하게 살 수가 없기 때문이다. 쪽파 한 봉지는 눈으로 헤아릴 수 있을 정도이며 부추는 한 줌도 안 되는데 가격은 턱없이 비싸다. 이걸 사야 하나 말아야 하나 판매대에 놓인 채소들을 보며 고민하게 된다. 예전 가격을 생각하면 선뜻 손이 가지 않는 것이다.

농산물 도매시장에서 과일전을 몇 바퀴나 돌았다. 결국 제수용 사과를 세 개에 만 오천 원을 주고 샀다. 가게 주인은 이런 사과 한 상자에 십만 원이 넘는다고 했다. 설 보름 전의 일이었다. 그런데 단대목에는 사과 한 개 만 원이 넘었다니 이것이 실화인가 싶었다. 하긴 지난 추석에도 사과 한 개 구천 원까지 했으니 새삼 놀랄 일은 아니지만 겁 없이 치솟는 물가에 할말을 잃었다. 또 있다. 서민들이 겨울에 즐겨 먹는 감귤이 아홉 개를 담아 놓고 만 원이란다. 파는 상인도 사 먹는 소비자도 어이가 없긴 마찬가지다. 이러니 소비는 위축되고 상인은 매출이 줄었다고 울상이다. 한 상자 살 것을 봉지로 사고, 두 개 살 것을 한 개로 줄이니 그럴 수밖에 없다.

물가고에 시달리고 있는 서민들과 자영업자들의 시름이 깊어지고 있다. 밥상에 오르는 농산물 값이 천정부지로 올랐는데 떨어질 기미가 없다. 이대로 가면 마음대로 사 먹을 수 있는 것이 무엇이란 말인가. 도무지 답이 나오지 않는다. 나라의 각종 경제지표는 전에 없이 곤두박질치고 있어서 걱정이 아니 될 수 없다.

농산물이 급격하게 오른 원인은 무엇일까? 사과는 지난해에 비해 작황이 30%나 감소했다고 한다. 지난여름 폭우와 폭염 등 이상기온을 원인으로 꼽을 수 있다. 기후 위기가 식량 위기까지 부른다는 것이 현실화되고 있다. 우리에게 계절은 의미가 없어진 지 오래고 이상기온은 더이상 이상하지 않은 시대를 살아가고 있다. 꿀벌이 사라진 과수원에는 꿀벌이 하던 일을 사람이 대신하고 있다는데 과일의 모양이 고르지 않을 뿐만 아니라 작황까지 영향을 미친다고 한다.

이 현상이 이번에만 국한된 일일까? 그랬으면 좋겠지만 앞으로 더 심화할지도 모른다고 한다. 과일을 즐겨 먹는 우리 집은 당장 과일부터 줄여야 할 판이다. 명절이면 정을 나누는 이웃이 사과를 선물로 보내왔다. 상자가 납작했지만, 가격은 반으로 줄지 않았을 것이다. 비슷비슷한 살림살이에 고마우면서도 미안했다.

과일 상자의 크기는 점점 줄고 있다. 과일뿐만이 아니다. 과자도 채소도 다 줄었다. 가격 올리기가 눈치 보여서 그랬겠지만, 조삼모사, 눈 가리고 아웅 하는 일 아닌가. 치솟는 물가 앞에 서민들은 먹고사는 일이 점점 힘들다고 아우성친다.

지난해 명절부터 우리 집 차례상도 다이어트에 들어갔다. 꼭 필요한 제수 음식 몇 가지를 정하고 가족들이 좋아하는 음식 위주로 조촐하게 상을 차렸다. 그랬음에도 가계지출은 다이어트가 되지 않았다. 이런 사정이다 보니 당국의 물가 대책이 무엇인지 묻지 않을 수 없다. 기후 위기에 맞서 계획을 수립하고 수급 조절을 해야 할 터인데 그럴 리야 없겠지만, 소시민들이 느끼기에는 물가가 오르면 오르는 대로 내버려두고 있는 것만 같다.

앞으로 우리 집은 사과를 끊어야 할지도 모르겠다. 좋아하기도 하고 건강에도 좋은 식품이라 사계절 아침마다 챙겨 먹는 사과인데, 주식인 쌀보다 몇 배나 비싼 귀한 몸이 되었으니 감히 사 먹을 엄두가 나지 않는다.

하인리히 법칙

9월이 되자 바람의 결이 달라졌다. 혹독했던 여름이 지나가긴 갔나 보다. 올 7월의 폭우와 8월의 폭염은 기록적이었다. 그리고 가을이 왔지만, 여전히 낮에는 덥고 비는 시도때도 없이 내린다. 이맘때면 태풍으로 온 나라가 긴장하는데 여느 해와 달리 올해는 태풍 소식이 뜸하다. 그런데 지구저편에는 대홍수로 난리가 났다.

지난 10일, 북아프리카 리비아 동부에 열대성 폭풍우 '다니엘'이 강타했다. 폭풍우로 외곽의 댐 2곳이 붕괴해 인근도시들을 집어삼켰다. 항구 도시 데르나는 물에 잠기고, 황토가 뒤덮여 도시 사분의 일이 사라졌다. 해변에는 하루에도 수십 구의 시신이 떠밀려 오지만 병원에는 안치할 곳도없어 도시 곳곳에 주검이 널려 있다. 방치된 시신들 때문에 수인성 전염병이 번지는 2차 피해를 우려하고 있다고 전해진다. 사망자가 최대 2만 명이 넘을 것이며 데르나 인구 6명 중 1명이 목숨을 잃었을 것이라고 한다. 더구나 리비아는 내부 정세 탓으로 사실상 무정부 상태, 지휘 본부의 부재로 대책과 수습도 원활하지 못한 상태이다.

리비아에 태풍 '다니엘'이 강타하기 나흘 전, 홍콩에는 139년 만에 최악의 폭우가 쏟아졌는데 20시간 동안 600mm가 내렸다. 홍콩 일 년 강우량 사분의 일이 내렸다는 것이다. 대홍수로 바닷물이 육지로 범람하면서 도로와 주차장의 차들이 침수되고 지하철도 운행이 중단되었다. 도시가 마비되었다.

얼마 전 산불로 극심한 고통을 겪었던 그리스에는 기상 관측 이래 가장 많은 비가 하루에 내렸다. 그리스 일 년 평균 강우량이 400mm, 그런데 하루에 700mm 이상이 내려 2년치의 비가 하루에 내린 것이다. 상상하기조차 힘들다. 사망자는 물론이거니와 폭우로 인한 피해는 또 얼마나 되겠는가? 이런 현상을 무엇으로 설명할 수 있을까? 우리나라라고 예외일 수 있을까?

아프리카의 리비아, 아시아의 홍콩, 유럽의 그리스에서 사상 최악의 물난리가 일주일 사이에 일어났다. 세 대륙의 대홍수가 어떤 상관관계가 있는지는 알 수 없으나 기후 전문가들은 "지구온난화로 폭염이 오래 지속되면서 태풍의 위력이 엄청나게 세지고 이에 따라 폭우가 내리는 비율도 계속 높아질 것"이라고 경고했다.

현재 지구 평균기온은 +1.1℃인데도 세계 곳곳에 자연재해가 극단적인 형태로 발생하고 있다. IPCC AR6 제1 실무그룹 보고서(1850~1900년 대비)에 따르면, 지구 평균기온이 1.5℃로 상승하면, 오늘 태어난 아이가 초등학교에 들어갈 때, 바닷속 산호초가 70~90% 소멸하고, 해수면은 26~77cm까지 상승하며 북극의 해빙은 100년마다 소멸한다고 한다. 한마디로 사람이 살기 매우 힘든 환경으로 바뀐다는 뜻이다. 지구는 이렇게 무서운 경고장을 세계 곳곳으로 보내고 있는데 속수무책 당해야만 할까?

하인리히 법칙Heinrich's law은 한 번의 큰 재해가 있기 전에, 그와 관련된 작은 사고나 징후들이 먼저 일어난다는 법칙이다. 큰 재해와 작은 재해, 사소한 사고의 발생 비율이 1:29:300이라는 점에서 '1:29:300 법칙'으로 부르기도 한다. 하인리히가 발견한 법칙은 큰 재해로 1명의 사상자가 발생할 때, 그 전에 같은 문제로 경상자가 29명 발생하며, 역시 같은 문제로 다칠 뻔한 사람은 300명이 존재한다는 내용이다.

하인리히 법칙은 사소한 문제를 내버려둘 경우, 대형 사고로 이어질 수 있다는 점을 밝혀낸 것으로 산업재해 예방을 위해 중요하게 여겨지는 개념이다. 요즘은 산업재해뿐 아니라, 사회 · 경제 · 환경 등 모든 분야에 광의로 적용되는 개념으로 쓰인다.

여름을 지나 가을로 가는 길목, 9월에 일어난 세 대륙의 재앙 같은 재해는 어느 날 갑자기 불쑥 찾아온 것일까? 그렇지 않다. 이미 오래전부터 지구온난화에 대해 우려하는 목소리가 높았고 '기후 위기'라는 말을 들은 지도 꽤 되었다. 그때는 당장 피부에 와닿지 않아서 지금까지 살던 대로 편하게 살아온 대가를 치르고 있다.

올여름 우리나라 역시 전에 겪지 못했던 폭우와 폭염에 시달렸다. 사회 전반에 걸쳐 사소한 것이라고 내버려둔 것은 없는지, 폭우에 붕괴할 댐은 없는지 살펴보고 철저하게 대비해야만 리비아와 같은 참상을 면하거나 재해의 피해를 최소화할 수 있을 것이다. 우리는 지금 그렇게 하고 있는가?

보름 전, 조카가 둘째 아이를 낳았다. 앞으로 그 아이들이 살아갈 세상을 생각해 본다. 아찔한 기분을 지울 수 없다.

냉장고 털어먹기

열흘째 마트에 가지 않고 있다. 일명 '냉장고 털기'를 하기 위해서다. 내 키보다 큰 냉장고는 두 식구를 위한 것인데 어쩐 일인지 늘 비좁은 상태다. 냉장고는 식품 저장 공간이자, 요리한 음식을 신선하게 보관하기 위한 것으로 신뢰하는 경향이 있다. 이 때문에 음식을 위한 모든 재료를 넣기 위해 크기가 코끼리처럼 커진 것이다.

냄비는 물론, 과일 상자가 통째로 들어가는 냉장고가 처음 나왔을 때, 주부들은 열광하며 너도나도 소형 냉장고를 버리고 대형 냉장고로 갈아탔다. 기억을 거슬러 올라가면 그 세월이 30년 정도 된 것 같다. 아이들을 키울 때는 참으로 요긴하게 사용했었다. 그땐 채우기 무섭게 다시 사다 넣기에 바빴기 때문이다. 다 자란 아이들이 독립한 후에도 한

동안 음식량 조절이 쉽지 않았다. 다 먹지 못해 음식을 버릴 때마다 마음이 몹시 불편했다. 어릴 적부터 어머니에게 들었던 말이 생각나서였다. 이승에서 먹다 버린 음식은 저승에 가면 다시 먹어야 한다는 무시무시한 말이었다.

음식물 쓰레기를 만들지 않기 위해 주기적으로 '냉장고 털어먹기'를 하고 있다. 열흘 동안 마트에 가지 않아도 끼니때마다 먹을 것이 나오는 냉장고는 요술 상자 같았다. 처음에는 유효기간을 넘긴 냉동식품이 많이 나왔다. 사다 놓고 제때 해 먹지 않은 까닭이다. 냉장고에 쟁여 놓을 필요 없이 알맞게 만들어 남김 없이 먹고 치운다면 이렇게 큰 냉장고는 필요하지 않을 것이다. 냉장고는 넓고 깊어서 사다 놓고도 잊어 버려 결국 음식물 쓰레기가 되는 경우가 허다하기 때문이다.

전 세계인이 먹기 위해 만든 음식 삼분의 일이 매일 폐기처분된다고 한다. 결국 버려질 음식을 위해 지구가 병들어 가고 있다. 우리나라는 음식물 쓰레기를 분리배출하고 그것을 재활용하여 동물의 사료나 비료로 만들고 있다. 반면, 다른 나라들은 일반 쓰레기와 음식물 쓰레기를 함께 소각 처리한다고 한다. 그에 비하면 우리나라가 잘하고 있는 것 같지만, 실상은 그렇지 않다. 질 좋은 사료나 비료가 되지 못하기 때문에 실효성은 물론이거니와 악취 등으로 농가에서는 오히려 사용을 꺼린다고 한다.

지구 저편 케냐 북부는 건기와 우기가 뚜렷하여 목축업으로 자급자족할 수 있었던 곳이다. 그런데 최근 몇 년째 우기에 비가 내리지 않아 물과 풀을 찾지 못한 유목민들의 가축들이 죽어가고 있다. 살아남은 염소들도 너무 말라 젖을 짤 수도 없고, 팔 수도 없어 사람들의 삶까지 위협받고 있다고 한다. 날마다 먹을 것을 찾아 사투를 벌이고 있다는 것이다. 케냐의 전역이 가뭄에 시달리고 있는 것은 아니다. 또 다른 지역은 홍수로 호수의 수면이 상승하고 농사짓던 땅이 잠겨 생계를 이어갈 수 없다고 한다. 때를 가리지 않는 가뭄과 홍수는 기후 위기와 밀접한 관계가 있지만, 그 대가는 평등하지 않다.

재난에서 비켜난, 이른바 선진국의 대형 상점에서는 매일매일 포장도 뜯지 않은 가공식품들이 버려져 폐기 처분되고 있다. 유효기간이 가깝다는 이유로 혹은 선도가 떨어졌다는 이유로 매일 쏟아져 들어오는 신선한 식품에 자리를 내주어야 하기 때문이다. 먹어도 아무 이상 없는 식품까지 소각되

는 음식물은 온실가스를 배출시켜 지구를 뜨겁게 달궈, 원인 제공도 하지 않은 먼 나라의 사람들과 동물들의 생명을 위태롭게 하는 것이다.

우리나라도 예외는 아니다. 대형 상점에서는 저녁 6시가 되면 마감 할인판매를 한다. 식품 폐기량을 줄이기 위해서다. 그럼에도 상당수의 식품은 폐기 처분되고 있다. 버리기엔 아까운 식품이지만 마감 할인판매에도 고객에게 선택받지 못하면 폐기할 수밖에 없다는 것이다. 한 대형 상점은 연간 오천 톤의 식품을 폐기하며 십일억 원의 폐기 비용이 발생한다고 밝혔다. 절대로 만만치 않은 비용이 들어가는 것이다. 버릴 음식을 만들어 폐기 한다고 또 비용을 들이는 악순환은 언제까지 계속될 것인가?

지구 저편에서는 자연에 순응하며 살던 사람들이 기후 위기로 먹을 것이 없어 죽어 나가고, 또 다른 한편에서는 팔다가 단지 신선하지 않다는 이유로 멀쩡한 음식들이 매일 매일 버려지고 있다. 이 불균형하고 불합리한 세계를 어떻게 극복해야 할 것인가. 우리나라를 비롯하여 세계 각국에서 다양한 각도로 해결책을 모색하고 있겠지만, 이 불균형이 쉽게 해결될 것 같지는 않아 보인다.

'냉장고 털어먹기'를 하지 않으려고 나는 조금만 더 부지런해지기로 했다. 장을 볼 때 소량 구매를 원칙으로 하고 1+1에 현혹되지 말기로 했다. 귀찮더라도 한 번 먹을 만큼만 조리하여 식탁에 오른 것은 남기지 않기로 했다. 하여 음식물 쓰레기를 최대한 줄여 보려고 노력 중인데 요즘은 식재룟값이 천정부지로 올라서 넉넉하게 살 수도 없게 되었다. 가격 상승의 원인 역시 기후 위기와 무관하지 않다.

자연의 섭리에 반하는 기후 위기 앞에서 반성하는 마음으로 지금 우리가 해야 할 일이 무엇인지 다시금 생각하게 된다.

꿀벌 식당

11월 중순에 서울 갈 일이 있었다. 상경하기 직전 며칠간 무척 추운 날씨가 이어졌다. 서울에 있는 딸들이 옷을 단단히 챙겨 입고 오라며 신신당부했다. 애들 당부대로 안 입던 내의까지 챙겨 입고 폴라 티까지 입고 갔다. 예보와 달리, 그날은 봄날처럼 포근했다. 종일 갑갑한 채 다녔다.

기온 변화가 극심해서 생태계가 이상 현상을 보이는 것이 어제오늘 일은 아니다. 낙엽 지는 늦가을에 장미가 만발하고 진달래며 철쭉도 피었다. 그러다가 갑자기 기온이 뚝 떨어져 철모르고 핀 꽃들과 날아든 벌들은 영문도 모른 채, 얼어 버렸다. 이런 현상이 계속되면 생태계는 교란될 것이 뻔하며 이미 많은 것들이 예전과 다르게 흘러가고 있다.

기후 변화를 일으키는 탄소 배출을 현격히 줄이는 일도 시급하지만, 줄어들지 않는 일회용품 플라스틱 사용을 억제해야만 한다. 편리하다는 이유로 남용되는 플라스틱이 환경에 얼마나 해로운 물건인지는 누구나 아는 사실이다. 이제 플라스틱의 시대는 끝내야 한다고 환경운동가들이 목청을 높이지만 플라스틱의 소비는 쉬 줄어들지 않고 있다.

가정에서도 날마다 쌓이는 비닐과 플라스틱 때문에 스트레스도 함께 쌓인다. 마트 상품의 포장은 비닐 혹은 플라스틱 용기가 주를 이룬다. 장을 보고 와서 정리를 하다 보면 비닐이 금세 한가득이다. 비닐에 붙어 있는 상표를 가위로 오려 내고 플라스틱은 라벨지를 제거한다. 라면수프 봉지는 물에 헹궈서 말린 후, 비닐 보관함에 넣는다. 플라스틱은 재활용하는 방법밖에 없지만 재활용에도 한계가 있다. 일상에서 이렇게 노력을 해도 깃털만큼이나 가벼운 비닐봉지와 딱딱한 플라스틱 용기는 지속해서 배출된다.

지구를 숨막히게 하는 플라스틱 시대를 끝내기 위해 우리가 해야 할 일에 대해 다시 한번 더 깊이 생각해 봐야 할 것 같다. 정확하게 인식하게 되면 생각이 달라지고 생각이 바뀌면 행동할 수 있기 때문이다. 썩지도 않는 플라스틱 대신 우리 주변을 그린 웨이브, 초록 물결이 넘실거리는 환경이

될 수 있다면 얼마나 행복할 것인가!

우리가 사는 지구에는 사람들만큼 부지런히 생활하며 생태계를 지키는 크고 작은 존재들이 있다. 그중 하나인 '벌'이 최근 큰 위기를 맞고 있다. 꿀벌은 우리처럼 음식을 골고루 먹어야 건강하게 살 수 있는데 다양한 꽃가루와 꽃꿀을 먹은 벌은, 그렇지 못한 벌보다 최장 2배나 더 오래 살 수 있다고 한다. 문제는 현재 우리나라 벌들은 영양소가 거의 없는 설탕물로 배를 채우고 있다는 사실이다. '밀원식물'이라고 불리는 꽃과 나무가 부족해서 꿀 대신 설탕을 먹는 것이다. 영양이 결핍된, 설탕물을 먹은 꿀벌이 만든 꿀을 우리는 '꿀'이라며 먹고 있다.

환경 단체 그린피스는 밀원식물을 확대해 나가는 '꿀벌식당' 프로젝트를 시작했다. 벌뿐만 아니라 나비와 무당벌레 등 다양한 수분 매개 곤충에도 소중한 식사가 되는 다양한 꽃들을 알아가면서 벌이 건강하게 살아갈 수 있도록 한다는 것이다. 또한 벌에게 직접 한끼를 선물할 수 있다고도 한다. 프로젝트에 직접 참여하지 않더라도 어렵지 않게 밀원식물을 가꿀 수 있으니 동참해 볼 일이다. 전국 곳곳의 학교 텃밭, 아파트 발코니와 집 앞 텃밭에도 크고 작은 꽃밭을 만들면 되는 것이다.

몇 년 전, 오래된 아파트를 수리하면서 발코니를 터야 하나 말아야 하나로 고민을 하다가 발코니를 살리기로 했다. 결과적으로 아주 잘한 일이 되었다. 발코니는 아담한 정원이 되었기 때문이다. 식집사를 자처하면서 아침마다 새소리를 들으며 초록 식물과 알록달록 예쁜 꽃들과 교감하는 시간이 얼마나 행복한지 모른다. 내년 봄에는 벌과 나비가 날아들 수 있도록 향기 좋은 꽃분을 늘여 보리라 마음먹어 본다.

얼마 전 환경부는 일회용품 규제 시행을 보름 앞두고 사실상 철회를 발표했다. 이 무슨 시대 역행적인 발표란 말인가? 참으로 이해하기 힘든 처사가 아닐 수 없다. 환경을 위해 '플로깅'(조깅을 하면서 버려진 플라스틱을 줍는 것)을 하며 스스로 실천하는 사람도 있지만, 강제하지 않으면 무분별하게 사용하는 사람도 있게 마련이다. 조금 불편하더라도 대체재가 있다면 그렇게 가는 것이 마땅한 일 아닌가?

지금 우리에게 기후 위기로 이어지는 환경 문제는 분초를 다투는 일이라는 것을 결코 잊어서는 안 될 것이다.

티핑 포인트

신록 우거진 솔마루 길을 걷는다. 눈부신 오월의 숲길, 살랑대는 바람은 달콤하고 산새들 지저귐은 귀를 간질인다. 초록 짙은 숲길에 뻐꾸기 소리 유난하다. 곧 산딸기가 익어갈 것이다.

계절의 경계가 모호해진 시대가 되었지만, 자연은 안간힘을 쓰며 자연을 지키려 애쓰고 있다. 이 계절이면 매양 느끼고 볼 수 있던 예사로운 풍경이 더이상 예사롭지 않아서 지금, 이 순간이 몹시 소중하게 다가온다. 기후의 시계가 언제 어떻게 뒤집힐지 모르기 때문이다.

오르막을 지나 조붓한 숲길을 따라 걷다 보면 늘 쉬어가는 그루터기가 있다. 그루터기에 앉아 있으니 얼마 전에 읽은 한 권의 책이 떠오른다.

죽은 나무지만 그루터기가 우리에게 들려주는 이야기가 있다. 나무들이 자라면서 들려주는 이야기에는 기후에 대한 정보가 잘 기록돼 있다. 지난 10년에 걸쳐 과학자들은 죽은 자이언트 세쿼이아를 연구했는데 그때 나이테의 가장자리에서 오래전 화재로 남은 상처가 발견되었다. 원인은 하나밖에 없다. 숲이 몹시 건조했다는 것이다. 자연발화가 잦았고 강과 호수가 말라붙었다. 이로써 퍼즐 조각들이 짜맞춰지기 시작했다. 지금의 가뭄은 아무것도 아닐 정도로 생태계의 큰 변화가 있었다. -《6도의 멸종》 중에서

마크 라이너스Mark Lynas가 쓴 《최종 경고: 6도의 멸종》(원제: Our Final Warning: Six Degrees of Climate Emergency)'은 기후 변화의 끔찍한 결과와 이 위기를 해결하기 위한 즉각적인 조치의 절실한 필요성을 알려 주는 책이다.

이 책은 지구의 기온이 1℃씩 올라갈 때마다 인류사회와 자연 세계에 어떤 영향을 끼치는지 6가지 가상의 지구온난화를 보여 준다. 지구온난화의 진행 속도는 탄소 배출량이 얼마나 빨리, 얼마나 많이 증가하는지에 따라 달라지겠지

만, 지금과 같은 상태가 유지된다면 2030년대 초반에는 상승 폭이 2℃, 세기 중반에는 3℃, 2075년쯤에는 4℃가 상승할 것이라고 저자는 예측한다. 또한 여기에 북극의 영구동토 층이 녹거나 열대우림이 파괴되면서 양의 되먹임 작용이 생긴다면 세기말에는 5℃ 심지어 6℃까지 상승하게 될 것이라고 경고한다. 이처럼 온도가 1℃ 상승할 때마다 어떠한 일이 벌어지는지 저자는 수많은 관측 자료와 논문을 인용하여 알려 주고 있다.

그러나 이 책은 단순히 재앙적인 시나리오에만 초점을 맞추는 것이 아니다. 즉각적이고 대의적인 조치가 절실히 필요함을 강조한다. 저자는 냉정한 조치의 시간이 지났다고 강조하며 우리가 에너지를 생성하고 자원을 사용하며 환경과 상호 작용하는 방법에 대한 근본적인 변화를 요구하고 있다. 우리는 지금 역사상 중요한 순간에 직면해 있으며 지금 우리가 취하는 행동이 우리 운명을 결정할 것임을 일깨워준다.

마크 라이너스는 환경에 대한 여러 권의 책을 썼는데, 2007년 《6도의 멸종(원제: Six Degrees)》은 로열 소사이어티Royal Society 과학 도서상을 수상, 전 세계 22개 언어로 번

역, 출판되었다. 지구온난화 속도가 과학계의 예상을 뛰어 넘었음에도 우리의 행동은 전혀 달라지지 않고 있다. 그는 이를 두고 기후학자들이 명백히 암시하고 있는데도 기존의 삶을 계속 살아가려 하는 우리 모두의 암묵적 부정 때문이라고 강조한다. 그럼에도 기후 변화에 대한 진실 속에서 희망의 불씨를 발견하고자 '최종 경고'라는 문구를 단 개정판을 쓰게 되었다고 밝혔다.

인간 사회는 근본적으로 자연 생태계에 의존한다. 하지만 지금 자연 생태계는 소리 없이 사라지고 맥없이 무너지고 있다. 극심한 가뭄과 극심한 폭우로 사람이 더이상 살지 못하는 지역이 생기고, 그곳에 살던 사람들은 기후 유목민이 되어 떠돌게 될 것이라고 한다. 기후 위기는 농사를 제대로 지을 수 없게 만든다. 지금 벌어지고 있는 농작물 가격의 상승은 앞으로도 지속될 것이며 식량 전쟁을 예고한다.

IPCC(기후 변화에 관한 정부 간 협의체)의 한 연구에서는 2.5℃라는 기온 상한선을 넘어설 경우, 식량부족으로 국제 곡물 시장의 가격이 치솟기 시작할 것이라고 한다. 구조적인 기근이 아열대를 덮치면 수억 명의 사람들이 스스로 목숨을 끊는 것 외에는 단 하나의 선택밖에 없다. 그동안 누렸던 다양한 문화를 다 잊은 채, 먹을 것을 찾아 짐을 싸서 떠나는 것이다. 그중 상당수는 길가에서 숨질지도 모른다. 국가도 없고 희망도 없는 그들은 새로운 유행의 인류 1세대가 될 것이다. -《6도의 멸종》 중에서

책을 읽을수록 공포와 절망이 몰려들지만, 텔레비전에서는 고급 승용차 광고가 여전하고 때가 되면 떠나야 한다는 듯 해외여행 모객에 열을 올린다. 나 역시 기회가 되면 비행기를 타고 먼 나라로 떠나고 싶어지고, 매장에 걸려 있는 예쁜 옷을 보면 눈길이 머문다. 우리가 지금처럼 이렇게 삶을 영위한다면 지구는 우리 세대 혹은 다음 세대에서 끝날지도 모른다.

티핑 포인트Tipping point란 어떤 상황이 처음에는 미미하게 진행되다가 급격하게 변하기 시작하는 극적인 순간을 뜻한다. 이 용어를 설명할 때 흔히 거론되는 비유는 호수에 떠 있는 카누이다. 카누는 살짝 흔들릴 때는 균형을 잡으려고 운동을 한다. 그러다 어느 순간 배가 뒤집혀 버리는 극적인 순간, 그 시간이 우리에게도 다가오고 있는 것은 아닐까?

아름다운 세상

공원 숲길에 연두 물결이 출렁댄다. 엊그제인 양 붉었던 앞산의 진달래도 호숫가의 노란 산수유도 산과 들, 거리에 만발했던 벚꽃도 하르르 지고 나니 나뭇가지마다 연두색 옷을 갈아입기 시작했다. 연한 잎들이 연두 꽃을 피운 듯 눈부시다. 해마다 봄의 길목에서 맞이하는 싱그러운 풍경이지만 볼 적마다 경이롭다.

언뜻 보기에 자연계는 계절의 행군에 발맞추어 잘 돌아가는 것처럼 보이지만 실은 그렇지 않다. 꽃들은 개화 시기가 점점 빨라지고 예전에 없던 황사와 미세먼지, 거센 바람이 기승을 부린다. 봄꽃이라도 피는 시기가 조금씩 차이가 났지만, 어느 순간부터 폭죽 터지듯 한꺼번에 피어올랐다 지곤 한다.

붉은 영산홍은 하루가 다르게 초록 잎을 점령해 가고, 봄꽃 떨군 나무들은 연두 잎이 무성해지기 시작했다. 저 연둣빛 물결이 미세먼지와 황사 따위를 다 빨아들인다면 얼마나 좋을까. 초록의 힘으로 푸른 하늘과 투명한 햇빛, 맑은 공기와 부드러운 바람을 보내 줄 수 있다면 이보다 더 좋을 순 없을 텐데 연두 물결 속에서도 사람들은 마스크를 벗지 못한다.

집안에서는 공기청정기를 종일 켜놓고 그것도 모자라 공기정화 식물을 곳곳에 비치해 두고 있다. 이뿐이랴. 수돗물을 믿지 못해 정수된 물을 먹은 지 오래다. 물도 사 먹고 공기도 사서 마시는 세상이다. 건강을 지키기 위해 매달 내야 하는 물값, 공기값이 만만치 않다.

그런데 이웃 나라에서는 조만간 방사능 오염수를 바다에 방류할 것이라고 한다. 그러지 않아도 해양 오염이 날로 심각해지는데 거기다 방사능 오염수까지 보태지면 바다에서 나는 소금과 해산물을 마음놓고 먹을 수 있겠는가? 신선하고 달콤한 과일도 마냥 믿고 먹을 만한 것일까? 가축들이 내뿜는 탄소는 공기를 더욱 혼탁하게 하고, 일주일마다 생산되는 최신 유행의 옷 중 30%는 포장도 뜯지 않은 채 소각

AIR

되고 있다.

우리가 먹고 마시고 입는 것 모두 안전한 것이 별로 없다. 우리는 환경 파괴의 주범이면서 아울러 피해자이기도 하다. 환경을 파괴했다지만 딱히 처벌받지도 않고 피해를 보고 있다지만 하소연할 데도 없다. 오래전부터 우리가 생각 없이 저질러 온, 혹은 알면서도 저지른 일이 부메랑이 되어 돌아오고 있기 때문이다. 악순환의 고리를 어디서부터 끊어야 할까? 되돌아가기에는 너무 먼 길을 걸어온 것은 아닐까?

우리나라가 출산율이 낮아 나라에서는 걱정이 많다고 한다. 아이들을 낳지 않으니 취학 인구가 급격히 줄었다. 폐교된 학교들이 늘어나고 있다. 왜 젊은 부부들이 아이를 안 낳는지 그것부터 고민하는 것이 순서일 것 같은데 내놓은 정책은 미시적이고 실효성이 별로 없어 보인다. 포괄적인 말이지만, 환경이 좋아지면 자연스레 해결될 문제가 아닐까? 바꿔 말하면 '아름다운 세상'이 되어야 한다는 것이다.

환경 관련하여 서명 운동에 참여한 적이 있다. 그 뒤로 '그린피스'에서 주기적으로 메일이 날아든다. 아닌 것은 아니라고 말하고, 해서는 안 되는 일을 막아서서 목소리를 내는 이들을 응원한다. "행동하는 사람과 그를 돕는 수만 명의 시민이 있다면, 해내지 못할 일은 없다."라고 그린피스는 외치고 있다.

초록이 짙어 단풍 들기 전, 지금 이 시기가 마치 꿈속의 세상인 것 같다. 이대로 오래 머물러 주기를 바라지만 희망 사항일 뿐이다. 싱그러운 연두의 계절 앞에서 아름다운 세상을 아니, 아름다웠던 세상을 그리워한다. 어릴 적 그땐 몰랐다. 푸른 하늘과 투명한 햇빛, 맑은 공기와 부드러운 바람, 이 모든 것이 얼마나 소중한 것이었는지! 그저 누린 만큼 함부로 훼손하지는 말아야 했다. 우리가 이 세상에 사는 동안 잠시 빌려 쓰고 그대로 물려주어야 한다는 것을 지금이라도 잊지 말고 행동해야겠다.

AI 경쟁 속, 숨겨진 환경비용

얼마 전, 챗GPT로 지브리 스타일 사진 만들기가 전 세계 SNS를 휩쓸었다. 너도나도 지브리 스타일로 만든 사진을 카톡으로 보내 주기도 했다. AI는 이제 업무나 학교 과제는 물론, 재미있는 콘텐츠를 만드는 데 전방위로 사용되고 있다.

글쓰기 힘들어하는 직장인에게, 격식을 갖춰 감사 인사말을 작성할 때나 업무평가서 작성 등 명령어만 잘 입력하면 고급스러운 인사장이나 완벽한 업무평가서를 만들어 준다. 이처럼 문제 해결 능력이 뛰어나니 AI는 우리 생활에 떼려야 뗄 수 없는 존재가 되고 있다. 그뿐이랴! 그림도 그려 주고, 소설도 쓰며 작곡도 한다. 지금 우리 앞에는 무궁무진한 AI 세계가 펼쳐져 있다.

AI와 가상 연애를 하거나 심리 상담을 한다는 이야기도 종종 들린다. 삶이 힘들고 우울한 현대인들에게 정신과 의사보다 더 따뜻한 위로를 받고, 무심한 배우자보다 AI에게 사랑을 느낀다고 한다. 사람과 AI가 교감한다는 것이 놀랍고 무섭기도 한데, 급속하게 발전하는 AI 세계에서 이미 가능한 일이 되었다. AI를 알면 알수록 우리 앞의 세계가 어떤 방향으로 흘러갈 것인지 주목하지 않을 수 없다.

전방위로 못 하는 것이 없는 AI, 과연 순기능만 있을까? 그 능력을 갖추기 위해 수많은 자료는 과연 누가 제공하는 것일까? 축적하고 축적한 자료는 바로 우리 인간이 제공하고 있다. 지브리 스타일 사진 만들기도 지구상의 각양각색의 얼굴을 AI는 가만히 앉아서 제공받고 수집한다. 빅 데이터에 저장하여 활용한다.

우리의 일상을 더욱더 편하고 재미있게 만들어 준다는 AI는 무엇으로 움직이는 것일까? 챗GPT · 그록 · 딥시크 등 쏟아지는 경쟁 속에서 그 뒤에 숨은 환경비용은 과연 얼마나 드는지 알아보자.

AI 기술이 발전하려면 수많은 데이터와 이를 처리하기 위한 컴퓨터 장비가 필요하다. 그리고 이러한 작업은 데이터센터와 고성능 칩을 통해 이루어진다. 데이터를 저장하고 계산하는 데이터센터, 그리고 이를 담당하는 AI 칩을 만드는 데 매우 많은 전력이 사용된다. 결국, AI가 성장할수록 더 많은 전기가 필요하다는 뜻이다.

그린피스 보고서에 따르면, 미국 내 데이터센터는 2021년 약 2,600개에서 2024년에는 5,300개로 두 배 이상 늘어났다. 이러한 대규모 시설에 사용되는 전력이 대부분 화석연료 발전에서 온다면 온실가스 배출이 급격히 늘어날 수밖에 없다.

AI 칩은 AI 기술에 없어서는 안 될 가장 중요한 요소이다. 우리가 스마트폰이나 컴퓨터를 사용할 때도 반도체가 필요한 것처럼, AI를 실행하려면 이 특별한 칩이 꼭 필요하다. 문제는 AI 칩을 만드는 과정에서도 엄청난 양의 전력이 사용된다는 점이다. 2023년 기준으로 전 세계 AI 칩 제조에 사용된 전력량은 218기가와트시(GWh)에 이르렀으며, 2024년에는 984기가와트시로 무려 350% 이상 늘었다. 여기엔 한국도 포함된다. 2023년 134.6기가와트시였던 한국의 칩 제조 전력 소비는 2024년 두 배 이상 증가해 315.2기가와트시로 추정된다.

더 큰 문제는 미래의 전력 소비량인데, 미국의 컨설팅업체인 맥킨지의 전망을 바탕으로 계산해 본 결과, 2030년 전 세계 AI 칩 제조를 위한 전력 수요는 최대 37,238기가와트시에 달할 것으로 추정된다. 2023년 대비 170배 증가할 전망이다.

이러한 AI 칩 제조가 가장 활발히 이루어지는 지역은 다름 아닌 동아시아다. 엔비디아와 AMD같이 AI 모델 시장의 대부분을 점유하는 기업들은 대만의 TSMC로부터 GPU를 공급받고 있으며, HBM은 한국의 SK하이닉스와 삼성전자, 일본의 마이크론으로부터 조달하고 있다.

문제는 이 지역의 전력망이 석탄이나 천연가스와 같은 화석연료에 크게 의존하고 있다는 점인데, 2023년 기준으로 대만의 전력망은 83.1%가 화석연료 기반이고, 일본은 68.6%, 한국은 58.5%를 차지한다. 이처럼 화석연료 의존도가 높은 환경에서 AI 칩 제조가 이뤄지면 온실가스 배출량이 급격히 늘어날 수밖에 없다.

AI 경쟁이 갈수록 치열해지고 AI 빅테크 기업들이 AI 칩 구매를 위한 지출을 확대하는 상황에서, 현재 AI 칩 제조의 대다수를 담당하는 동아시아가 앞으로도 지금처럼 높은 생산 비중을 유지하면서도 화석연료에 계속 의존한다면, 동아시아의 탄소 배출량은 더욱 증가할 것이다. 이번 보고서에는 동아시아 AI 칩 생산 지역이 화석연료에 대한 의존도를 현재 수준을 유지한다고 가정하면, 최대 1,680만 톤의 온실가스가 배출될 수 있다고 추정했다.

AI와 관련된 에너지, 기후 문제를 해결하기 위해선 여러 방면에서 노력이 필요하다. 그린피스가 한국 정부와 기업에 제안하는 주요 해결책은 다음과 같다. 재생에너지 우선 사용 의무화, 에너지 효율 개선, 산업 분산과 전력망 안정화, 기업과 정부의 협력 등을 제시한다. - 그린피스 기후에너지 활동가 양연호 님 글에서 발췌.

AI는 우리의 삶을 더욱 편리하고 풍요롭게 할 수 있는 도구이다. 그러나 동시에 이 기술로 인해 지구와 우리가 모두 점점 더 많은 부담을 떠안게 된다는 사실을 잊어서는 안 된다. 모든 일에는 순기능과 역기능이 공존하기 때문이다. AI 인프라가 확대되기 시작하는 지금이 바로 기회라고 한다. 온실가스 배출을 줄이고 지속 가능한 AI 산업을 만들기 위해 정부와 기업이 행동해야 하며 개인 역시 제대로 된 인식이 필요한 때가 아닌가 싶다.

4부

기억의 섬, 독도평전

기후 유목민 시대

올여름

우리가 지나온 자리에 남긴 것들

어떤 결심

숲의 노래

우리에게 이르는 시간

기억의 섬, 독도평전

'처음에는 고요 그 자체였을 것이다. 바람이 불면 파도가 치고 바람이 멈추면 긴 잠에 빠져드는 바다, 그러나 예의 바른 동해 뒤로 열렬한 사랑을 품은 사내처럼 바닷속 저 깊은 곳에서는 뜨거운 기운이 꿈틀대고 있었고, 이윽고 그 바위들이 해수면 가까이에 이르자 수면 아래만 흔들며 조용히 사라지던 마그마가 하늘을 향해 솟아올랐다. 푸른 바다를 모조리 태워버릴 듯한 거대한 불기둥이었다. 하늘은 검은 구름을 모아 화산 비를 뿌렸으며 하늘로 솟구쳤던 마그마는 바다로 다시 떨어져 큰 파도를 일으켰다. 처음에 솟아오른 화산섬은 하나였다. 오랜 세월을 두고 푸른 파도와 휘몰아 드는 바람이 그 섬을 식히는 동안, 여호와가 아담의 고독을 달래려고 하와를 만든 것처럼 동해는 그 섬을 둘로 나누어 수면 아래로만 손잡게 했다. 따로 또 같이. 독도의 탄생이 마무리되는 순간이었다.

먼 시간 동안 우주 공간을 달려 지구에 이른 빛이 또한 있었다. 독도의 시간은 여행하는 빛의 시간이다. 빛은 생명을 지배하고 생명은 빛을 좇는다. 그렇다면 빛조차 없는 검은 고요의 세계, 그 세계를 지키는 생물들은 얼마나 경이로운가. 이렇게 슬프고 이렇게 굳세고 이렇게 다정한 독도는 없었다. 빛과 어둠의 엄청난 소용돌이를 경험한 섬만이 자신 스스로를 단련시킬 수 있다. 먼 길을 달려온 빛이 마지막 숨을 고르며 어둠과 만나는 곳 검은 고요의 세계, 가장 작은 생명들이 온 바다의 무게를 떠받치며 산다는 건 얼마나 큰 기적인가.' - 김탁환의 《독도평전》 중 '검은 고요' 편

공영방송 KBS에서 독도 관련 다큐멘터리(이하 다큐)를 보았다. 운 좋게도 독도에 두 번이나 발을 디딘 적 있기에 화면에 나오는 섬의 모습이 남다르게 다가왔다. 우리가 익히 알고 있는 독도의 모습은 물 밖으로 솟아 나온 동도와 서도, 두 개의 봉우리 부분이다.

다큐는 《독도평전》을 쓴 소설가 김탁환의 육성으로 시작

된다. 독도의 탄생은 460만 년 전, 어느 날 물속에서 난데없이 시작됐을 것이다. 독도는 화산이 만든 불의 섬, 동해에 둘러싸여 있으니 물의 섬, 기억의 섬이며 찾아오는 이에겐 기대의 섬이다. 또한 새로 꿈꿀 수 있기에 가능성의 섬이라고 말한다.

다큐는 거대한 화산섬의 해저를 보여 준다. 인간의 접근을 거부하는 '트와일라잇 존'에 최초로 접근하여 성공적으로 임무를 수행하는 장면은 경이롭고 감동적이다. 고도로 훈련된 테크니컬 다이버들은 거의 100kg에 달하는 산소통 서너 개를 지고 수심 100m 아래로 입수한다. 40m부터는 빛이 보이지 않는다. 7분 만에 내려가 단 몇 분 머물며 폐선에 붙어 있는 생물의 표본을 채취하고, 바닥의 흙 한줌을 떠내는 것이 중요 임무다. 총 15분 정도 소요되었지만 상승하는 데 걸리는 시간은 90분, 하강보다 상승이 훨씬 어렵다는 뜻이다. 올라오는 중간중간 산소통을 교체하고 감압하며 상승하는 모습은 손에 땀을 쥐게 한다. 목숨을 건 다이버들이 무사히 물위로 모습을 드러내자, 모두 안도의 숨을 내쉬며 환호한다. 엄청난 일을 해낸 다이버들에게 절로 고개가 숙여진다.

독도의 심해, 검은 고요 속에는 그동안 어떤 생물이 살고 있는지 알지 못했다. 이번에 그 비밀의 문이 열린 것이다. 독도 바다에서는 매년 미기록 생물이 한 개체 이상 발견된다고 한다. 가장 깊은 곳에 단단히 뿌리박고 있는 해조류와 다양한 생물들이 나고 자라는 가장 안전한 곳 '트와일라잇 존'은 물밑에 더 많은 이야기를 숨기고 있는지도 모른다.

우리는 왜 독도 바다에서 위험천만한 이 일을 해내야 하는가? 독도는 우리가 노력해서 지킬 만한 가치가 충분히 있는 보물섬이기 때문이다. 대한민국 국민의 가슴에 애틋하게 새겨진 영원의 섬이기 때문이다. 그러나 작금의 상황은 심히 우려스럽다. 이대로 있어도 되는가?

일본 국립전시관에서 만든 거짓 홍보영상의 존재에 대해 알고 있는 우리 국민은 얼마나 될까? 미국은 동해를 일본해라고 발표했다. 국민은 이런 일이 벌어지고 있다는 것조차 잘 알지 못한다. 이미 세계지도에서 독도는 다케시마로 표기되어 있으며 동해는 일본해가 되어 있으니 통탄할 일이다.

일본은 독도 관련 내년도(2024) 예산을 3억 엔이나 증액했고, 대한민국은 독도 관련 예산을 삭감했다.

기후 유목민 시대

올여름을 보내기가 벌써부터 겁이 난다. 짧디짧은 봄을 보내고 여름 문턱에 들어서자마자 30℃가 넘는 폭염이 시작되었기 때문이다. 초여름인 6월부터 폭염이라니 기후 위기가 해를 거듭할수록 일상 속으로 깊숙이 밀고 들어오고 있는 것 같다.

아니나 다를까, 2024년 올여름이 역대급 더위로 기록될 것이라고 기상 뉴스는 숨가쁘게 알리고 있다. 그도 그럴 것이 중국 신장 지역은 지표면 온도가 75℃가 넘었으며 인도의 뉴델리는 50℃가 넘어 낮의 열기가 쌓여 밤 기온도 35℃까지 올라갔다고 한다. 사우디아라비아에서는 성지 순례객들이 뜨거운 날씨에 천 명 이상 목숨을 잃었다고 전해진다. 그리스의 아크로폴리스는 폭염으로 낮에 관광할 수 없도록 폐쇄 조처를 내렸다. 미국 남서부는 산불로 인근 주민들이 대피하는 등 전 세계가 펄펄 끓는 여름을 맞이하고 있다.

우리나라도 이번 여름이 엄청나게 더울 것이라고 한다. 이미 그럴 조짐을 보인다. 6월 중순에 서울 기온이 35℃, 경산은 39℃까지 올라가 75년 만에 6월 기온을 경신했다. 한여름이 되면 우리나라도 40℃가 넘을지도 모른다고 예측한다. 제주도로부터 장마가 시작되었고 지난해와 마찬가지로 국지성 폭우가 내릴 것이라고 예고한다.

수십 년 동안 지속적인 해수면 상승으로 파나마 북동부 카리브해에 있는 섬이 가라앉고 있어 첫 '기후 난민'이 생겨났다. 섬 주민 1,300여 명이 집단 이주를 한 것이다. 2050년이면 섬이 완전히 가라앉을 것으로 전망하고 파나마 정부는 이주단지를 조성한 것이다. 기후 난민이 된 한 주민은 "어렸을 때부터 항상 바다와 접촉해 왔고 섬에서 숲으로, 정글로 시선을 옮겼다면 지금은 그 반대가 될 것입니다. 그게 그립겠죠." 삶의 터전이었던, 수몰되는 고향을 바라보며 한 말이다. 라틴 아메리카에서 첫 기후 난민이 생겨났지만 앞으로 파나마에서만 3만여 명의 기후 난민이 더 생길 것이라고 한다.

전 국토가 물에 잠길 위기에 처한 투발루와 방글라데시의 수많은 사람도 해수면 상승으로 향후 거주지를 옮겨야 할 형편이 되었다. 이주할 곳이라도 있다면 다행이지만 옮겨갈 곳이 없다면 그들은 '기후 유목민'이 되는 것이다. 이들은 다 어디로 가야 하는 것일까?

아는 바와 같이, 기후 변화 혹은 기후 위기는 지구의 평균 기온이 급격하게 변화하는 현상이다. 최근 기후 변화에 관한 정부 간 협의체IPCC 제6차 보고서에서는 산업화 이후로 인류가 지구를 가열시킨 것으로 규정한다.

"인류가 얇은 얼음 위에 서 있다."

석 달 전, 유엔 사무총장이 남긴 기후 위기에 대한 경고이다. 위기를 벗어날 골든타임까지 2년도 채 남지 않았다. 2025년이라는 시점은 기후 변화 대응을 위한 195개국 정부 간 협의체IPCC가 지난 3월 만장일치로 채택한 여섯 번째 보고서를 토대로 한다. 인류의 생존을 위해 2030년까지는 온실가스 순 배출량을, 2019년 대비 43%를 줄여야 하는데 이를 위해선 2025년에 온실가스 배출량이 정점을 찍어야 한다는 것이다. 심지어 이 목표를 달성한다고 해도 2040년 전에 1.5℃ 상승은 확실하고 2℃ 상승마저 막기 어렵다는 결론이다.

온도가 상승할수록 홍수 · 가뭄 · 산불 · 폭설 · 폭염 등 극단적인 날씨가 잦아진다. 이와 같은 기후 변화를 인류는 지금 몸소 겪고 있으며 가속화되고 있음을 부인할 수 없을 것이다. 지난해 미국의 한 대학 연구팀은 지구의 생물들이 자연 현상에 의해 다섯 차례의 대멸종을 겪었고, 현재 인간에 의한 6차 대멸종을 겪고 있다고 발표했다.

세계기상기구는 올 하반기가 되면 엘니뇨 주기에서 라니냐로 바뀔 전망이지만 이로 인한 냉각은 일시적이고 기온은 계속 상승할 것이라고 한다.

지구에는 인류를 생존시킬 충분한 돈과 기술이 있다고 한다. 전 세계에서 투자되는 돈은 13경 원에 달하는데 온실가스 저감에 사용되는 돈은 고작 0.6%에 불과하다는 것이다. 보고서는 그 돈을 지금보다 3~6배만 늘여도 기후 변화를 저지할 수 있다고 말한다.

지구 온도는 174년 만에 최고를 기록했다. 인류는 지금, 공존할 것인가? 공멸할 것인가? 갈림길에 서 있다.

올여름

아침부터 문자가 날아든다. 시에서 보내는 '안전안내문자'다. "폭염 지속 중, 외출 및 야외 작업(논밭, 공사장, 물류, 단순 노무 등) 자제, 폭염 안전 수칙(물, 그늘, 휴식) 준수, 안전 유의 바랍니다." 이런 문자를 하루에 두세 차례는 받는다.

초여름인 6월이 되자마자 더위가 시작되었고 처서가 지났지만, 더위는 물러날 기미가 없다. 7월 말에서 8월 초순까지 바짝 더웠던 예전 여름과는 사뭇 다른 양상이다. 말복만 지나도 아침저녁으로 선선해지면서 바닷물이 차가워지기 시작했는데 올여름은 전혀 그렇지 않다. 8월 하순인 지금도 한낮에는 35℃를 우습게 넘나든다. 길고 긴 이 여름이 가긴 가겠지만 견디기가 참으로 힘들다.

아침에 일어나면 발코니에 나가 블라인드부터 내리고 타일 바닥에 물을 뿌려 주는 일이 일과가 되었다. 스스로는 움직일 수 없는 식물들 때문인데 처음에는 거실로 다 들여놓을까도 생각했다. 하지만 하루 이틀도 아니고 그 자리에서 적응하며 살아 내기를 바랐기 때문에 뜨거운 햇빛을 가려 주고 물을 뿌려 열기를 식혀 주었다. 그런데도 잎이 얇은 식물들은 뜨거운 햇빛에 타죽고 말았다. 30년을 키운 지인의 화초가 어느 날, 잎을 만지니 우수수 떨어지면서 죽어 버렸다고 했다.

집에서 키우는 식물도 이 지경인데 축사나 농작물 피해도 만만치 않을 것 같다. 그래서인지 약간 안정세를 보이던 채소류는 다시 가격이 올랐다. 날씨가 인간에게 미치는 영향력이 실로 크다는 것을 나날이 체감하고 있다. 폭염이 지속되므로 논밭이나 공사장, 물류, 단순 노무를 하는 사람들에게 자제하라는 '안전안내문자'는 선뜻 이해하기가 쉽지 않다.

논이나 밭에서 나는 작물은 때가 있고 사람의 손길로 자라는 것이다. 폭염 때문에 내버려두면 농사는 망치게 된다. 또한 공사장, 물류, 단순 노무자들은 생계형 근로자들일 텐데 폭염 때문에 일을 쉬게 되면 어쩌란 말인지 알 수가 없다. 일을 해야만 하는 사람들에게 '자제'란 의미가 없다. 매일 날아오는 문자를 보면서 시민들의 안전을 염려하는 마음으로 보내는 것인 줄은 알겠으나 좀더 배려하는 문자였으면 하는 생각을 하게 된다.

사람 사는 일이 종으로 횡으로 엮여서 그동안의 시스템으로 잘 굴러가던 것이 폭염이 지속되면서 전방위적으로 문제가 발생하기 시작했다. 온열질환자가 속출하고 예정되었던 운동 경기가 취소되었으며 재래시장 좌판은 비어 있는 자리가 많이 생겨났다. 이런 현상은 한낮의 폭염과 야간의 열대야 때문이다. 예상되었던 일이다. 올여름이 최고로 더울 것이라고 예고했었다. 대비하고 대책을 마련해야 했다.

올여름만의 일시적 현상이면 모르겠으나 내년에도 내후년에도 올해 같은 여름을 겪어야 한다면 우리의 생활양식을 바꿔야 할지도 모를 일이다. 계속 이런 여름을 감당하면서 적응하며 살아야 한다면? 생각만으로도 고통이 몰려오는 것 같다. 무덥고 긴 여름을 대비할 대책을 시급하게 마련하지 않으면 안 될 것 같다.

몇 년 전에 동남아로 여행을 갔을 때, 우리나라처럼 뚜렷한 계절의 구분 없이 평생 덥게 사는 그 나라 사람들이 대단하게 보였다. 처음부터 그렇게 살았기 때문에 아무렇지도 않을 수 있겠지만, 더위에 유난히 약한지라 적어도 열대 지역에 태어나지 않은 것에 감사한 마음이었다. 그런데 우리나라의 올여름이 너무 길고 동남아보다 더 덥다고 한다. 맞아 들어가던 절기도 무색한 이 현상이 두렵기까지 한 것이다.

예전과 달리, 집에만 있는 주부들도 냉방기를 켜지 않으면 견디기 힘들어 혼자 있어도 냉방기를 켤 수밖에 없다. 실외기에서 뿜어져 나오는 열기까지 더해져 바깥 기온을 더 높이게 되니 자연스레 외출을 자제하게 되고 물건을 사러 갈 일도 너무 뜨거워 인터넷으로 주문해 버리고 만다.

얼마 전, 참으로 오랜만에 동네를 벗어나 백화점을 가게 되었다. 나가는 길에 보니 거리 양옆으로 임대 딱지가 붙은 빈 상가들이 너무 많아서 마음이 착잡했다. 사람이 지나다니지 않는 거리에 더운 바람만이 휑하니 불고 있었다. 주말인데도 백화점 역시 예전 같지 않았다.

거리에 상가가 비어 가고 백화점에 손님이 북적이지 않는 것이 올여름의 폭염 때문만은 아니겠지만 전혀 상관없는 일도 아닌 것이 세상 모든 것은 유기적으로 맞물려 돌아가기 때문이다. 이미 많은 것이 변화되고 있으며 그 변화가 인류를 위협하고 있다는 사실이다.

우리가 지나온 자리에 남긴 것들

먼 나라로 긴 여행을 다녀왔다. 한 번은 꼭 가보고 싶었던 중앙아시아 카자흐스탄과 키르기스스탄, 우즈베키스탄으로 떠났는데 오랜만에 나가는 해외여행이라 설레는 마음이 컸다.

여행을 준비하면서 가볍게 떠나기로 작정하고 짐을 최소화 하기로 마음을 먹었다. 하지만 마음먹은 대로 되지는 않았다. 몇 날 며칠을 펼쳐 놓은 가방에 옷을 넣었다 뺐다를 반복했으나 10박 12일의 짐 가방은 10kg이 살짝 넘었다. 줄인다고 줄였지만 더이상 가벼워지지 않았다.

짐 가방은 수하물로 부치고 여권과 중요 물품이 든 가방 하나만 메고 비행기에 몸을 실었다. 약 6시간의 비행이라 기내식이 두 번 나왔는데 우리가 먹고 마시는 것이 든 용기

모두가 일회용품이었다. 어제오늘 일도 아니고 대안이 있는 것도 아니지만 마음이 불편해지는 것은 어쩔 수 없었다.

예전에 유럽의 어느 환경운동가가 우리나라에 초대받아 오는 길에 비행기에서 소비되는 일회용품을 보고 너무나 마음이 불편하여 여행을 중단하고 돌아갔다는 글을 읽은 적이 있다. 그때만 해도 '뭐야? 좀 지나친 거 아냐?'라고 생각했었다. 기후 위기에 대해 제대로 인식하고 나날이 끓어오르는 지구를 보면서 그때 환경운동가의 마음을 조금은 이해하게 되었다. 먹고 난 기내식 빈 용기와 비닐 등은 승무원이 거둬 간 탓에 내 눈앞에서는 사라졌지만, 한끼의 식사를 위해 버려지는 쓰레기에 생각이 많아졌다. 아무리 제로 웨이스트를 외쳐 보지만 사람이 움직이는 곳에는 쓰레기가 넘쳐난다.

카자흐스탄 알마티에서 맞이한 여행 첫날 아침, 창밖으로 보이는 만년설이 눈부셨다. 탄성을 지르며 아침 산책을 나갔다. 파란 하늘에 예쁜 구름, 순도 100%의 맑은 공기는 자연이 우리에게 주는 최고의 선물이었다. 기분 좋은 여행의 시작이었다.

판필로바 28인 전사 공원과 러시아 정교회 젠코바 성당,

중앙아시아의 그랜드캐니언이라는 차린 협곡을 거쳐 콜사이 호수까지 하루 일정이 끝났다. 늦은 저녁을 먹기 위해 예약해 둔 식당으로 갔는데 수저를 비롯해 일회용품을 많이 사용하고 있었다. 포장 판매하는 가게도 아닌데 왜 이렇게 일회용품을 많이 사용하는 것일까?

비닐봉지에 담긴 빵, 조악한 플라스틱 수저로 플라스틱 용기에 나온 만둣국 같은 뜨거운 음식을 도저히 먹을 수가 없었다. 말이라도 통한다면 한마디하고 싶은 심정이었다. 이렇게 아름다운 자연환경을 가진 나라도 편하다고 일회용품을 무분별하게 사용한다면 오래지 않아 환경이 나빠질 것인데 안타까운 마음만 가득했다. 저녁 늦게 이국의 손님을 맞이하느라 분주한 부모를 돕기 위해 나와 있던 소녀의 샛별 같은 눈망울이 아직도 눈에 선하다. 그들이 살아갈 세상도 지금처럼 아름다워야 할 텐데…….

국토의 대부분이 산이어서 중앙아시아의 스위스라 불리며 이식쿨 호수를 품고 있는 키르기스스탄, 한국말이 유창한 가이드는 키르기스 사람이었다. 카자흐스탄의 일정을 마치고 버스로 키르기스스탄의 국경을 넘었다. 장거리 버스를 타면서도 유난히 맑고 아름다운 중앙아시아의 하늘과 들판의 야생화, 그 속에서 한가로이 노니는 가축들을 볼 수 있어서 지겨운 줄 몰랐다. 소음도 매연도 없는 자연환경이 부럽기만 했다.

키르기스스탄의 수도 비슈케크로 향하는 길에 가이드가 설명하기를, 비슈케크는 공기가 썩 좋지 않다고 했다. 그것은 화석연료를 많이 사용하기 때문인데 가격이 저렴해서 사람들이 선호한다는 것이다. 살고 있는 사람들은 잘 모르지만, 다른 나라에서 온 사람들에게 비슈케크의 공기가 좋지 않다는 말을 종종 듣는다고 했다. 지나는 길에 화력 발전소가 여러 개 보였다.

키르기스스탄 일정을 마무리하고 비슈케크에서 우즈베키스탄의 타슈켄트로 날아갔다. 카자흐와 키르기스와 달리 이곳은 무척 더웠다. 남은 일정 동안 더위와 싸워야 하는 일이 추가되었다. 고대도시 히바에 갔을 때 낮 최고 기온이 38℃, 체감 온도는 40℃가 넘었다. 물을 얼마나 마셔댔는지 모른다. 하루에 우리가 배출한 생수병 폐플라스틱은 족히 백여 개는 되었을 것이다.

부하라로 가는 길, 아무다리야강을 지나 키질쿰 사막을 가로질러 아야즈 성채까지 30분을 걸었는데 건조한 사막의 열기는 대단했다. 유르트yurt에서 현지식으로 점심을 먹었다. 온몸에 땀이 비 오듯 쏟아졌다. 잠깐이지만 유목민의 삶을 체험해 보았다. 이곳에 태어나지 않은 것에 진심으로 감사했다. 이날 이곳은 47℃, 밤에도 기온이 떨어지지 않는다고 했다. 기후 온난화의 영향은 이곳도 예외가 아닌 것 같았다.

'지붕 없는 박물관', '박물관 도시'라는 별칭을 가진 부하라, 레기스탄 광장이 상징물인 사마르칸트를 거쳐 고속열차로 타슈켄트로 다시 왔다. 타슈켄트에서의 일정을 소화하고 중앙아시아 탄탄탄 3국 여행을 무사히 마쳤다.

10박 12일의 여정은 힘들었으나 그것을 상쇄할 만큼 잊지 못할 여행이기도 했다. 실크로드의 중심지였던 고대도시를 거닐며 시간 여행자가 되어 보기도 했고, 광활한 평원에서 만난 초록의 평화와 사막의 모래바람과 길 위의 등대 미나레트와……. 하여 미지의 세계에서 견문도 넓혔지만 돌아온 지금, 발 디딘 곳마다 우리가 남긴 것은 무엇일지 생각하게 된다.

어떤 결심

가을비가 엄청나게 내렸다. 영남 지역 곳곳에 큰 피해를 주고 비가 그쳤는데 거짓말처럼 폭염도 사라졌다. 6월부터 시작된 더위는 9월 중순, 추석 연휴까지 무려 4개월 동안 우리를 괴롭혔다. 견디기 힘들었던, 폭력적인 올여름이 드디어 꼬리를 감춘 것이다. 그리하여 9월 하순에야 진정한 가을을 맞이할 수 있었다.

비가 그친 다음 날, 발코니 창으로 비쳐 드는 따사로운 햇살과 선선해서 달달하기까지 한 바람에 누구에게랄 것도 없이 고맙다고 행복하다고 인사를 전하고 싶었다. 며칠 전만 해도 뜨겁게 쏟아지는 아침 햇살을 차단하기 위해 블라인드를 내리고 커튼을 치고 에어컨을 켰다. 가을이 오긴 올 것인가 반신반의했는데 하루아침에 찾아든 가을이 너무나 반가

웠다. 인간이 제아무리 잘난 척 해도 대자연의 위력 앞에 속수무책이라는 것을 다시금 깨달았다.

이번 추석은 양력으로 9월 중순에 들어 날이 더울 것 같아 걱정했다. 좋지 않은 예감은 비껴가지 않듯이, 이럴 때는 일기예보도 척척 잘 맞았다. 이미 올여름 지독한 더위를 겪어 단련될 만도 한데 내성 따윈 생기지 않았다. 에어컨 없이 생활하기가 힘들었다.

덥다고 명절을 건너뛸 수도 없는 일, 습관처럼 아니, 관습에 묶인 줄을 완전히 끊어 버리지는 못하고 시류에 따라 우리 집 차례상도 간소화 하기로 했다. 하지만 장바구니 물가는 혀를 내두르게 했다. 줄이기 전이나 다를 바 없는 비용이 들었다. 값싸게 살 수 있었던 나물류부터 과일 등 오르지 않은 것은 내 지갑 속의 돈밖에 없는 것 같았다.

추석 전날, 비싸게 산 식재료들을 손질하여 데치고 무치고 볶고 굽고 쪘다. 차례상에 올릴 음식들은 만들자마자 죄다 냉장고 속으로 들어갔다. 사실, 참기름이 들어간 나물, 기름에 부친 전, 튀김 등은 냉장고에 곧장 들어가면 맛이 확 떨어진다. 그것을 알지만 습하고 무더운 날씨 때문에 어쩔 수 없었다. 무더위와 습도가 함께 높으면 음식이 가장 잘 상하기 때문이다.

이번 명절에 새로 등장한 덕담이 있다. '아프지 말자.' '다치지 말자.' 등 병원 갈 일 만들지 말자는 말을 주고받았다. 응급실 뺑뺑이 이야기가 심심찮게 나오는 뉴스를 접하면서 시민들은 불안한 마음이 되었다. 혹시라도 명절 음식 잘못 먹어 식중독이라도 걸리면 어떡하나? 생선 가시라도 목에 걸리면 어떡하지? 하는 불안이 없었다면 거짓말일 것이다.

더위와 싸우는 일상도 버겁고 내수 부진으로 문 닫는 자영업자들의 한숨 소리가 끊이지 않는데 병원 갈 일까지 걱정해야 하는 현실에 사람들은 절망했다. 안 그래도 팍팍한 삶, 시민들의 삶이 조금이라도 나아져야 하는데 모든 것이 거꾸로 후퇴한다는 느낌을 지울 수 없다. 고래 싸움에 새우 등 터지는 일 그만했으면 한다. 새우들이 무슨 힘이 있어 대처할 수 있겠는가.

폭염과 함께 기나긴 계절을 보낸 올여름은 어쩌면 기후 재앙의 서곡에 불과할지도 모른다. 벌써부터 내년 여름이 걱정된다. 뜨겁고도 긴 계절을 보내면서 폭염 때문에 사회 전반적으로 발생하는 일들이 전에 없이 많아졌다. 치르지 않아도 될 사회적 비용도 늘어났을 것이다. 먼저 예상하고 대비를 했을지 의구심이 든다. 자연재해도 최선을 다해 막아야 하거늘, 첨예한 사안이라도 사람이 하는 일이라, 머리를 맞대든지 격론을 벌여 서로 양보할 것은 양보하고 합의점을 찾아 결론을 내려야 마땅한데 지금까지도 철로 위 평행선을 달리고 있다.

발코니 나 홀로 카페에서 오랜만에 참으로 오랜만에 모닝커피를 마신다. 그동안 뜨거워서 나갈 엄두를 내지 못했던 발코니에서 시원한 바람 맞으며 커피 한 잔을 즐기는 일상이 새삼 고맙다. 지나간 것은 지나간 대로 의미가 있다지만 지나간 여름은 좋은 의미보다 좋지 않은 기억이 되어 되돌아보기도 싫어진다.

올여름, 너무 뜨거워서 지치고 힘들었던 모든 이와 나 자신에게 위로를 건넨다. 어떤 경우에도 우리는 살아야 하고 사는 동안 행복해야 하므로 희망의 최면이라도 걸어야 할 것 같다. 각자의 방법으로 희망의 회로를 돌려 보자.

어떤 결심

이해인

마음이 많이 아플 때, 꼭 하루씩만 살기로 했다
고마운 일만 기억하고 사랑한 일만 떠올리며
어떤 경우에도 남의 탓을 안 하기로 했다

고요히 나 자신만 들여다보기로 했다
내게 주어진 하루만이 전 생애라고 생각하니
저만치서 행복이 웃으면서 걸어왔다

숲의 노래

하루 중 내가 가장 애정을 가지는 시간은 숲길을 걸을 때다. 오늘은 솔마루 길로 향한다. 들머리를 치고 올라가면 경사가 완만한 소나무 숲길이 이어진다. 이 길을 걸을 때면 마음에 평화가 깃들고 숲에서 끼쳐 드는 냄새를 맡으면 나도 모르게 깊은 호흡을 하게 된다. 나무 우듬지에서 지저귀는 새소리는 청량하기 이를 데 없다. 사그락대는 풀벌레 소리, 살랑대는 바람에 잎새들 몸 부비는 소리…. 숲의 노래는 계절마다 조금씩 다른 빛을 띠며 연중무휴 공연 중이다.

얼마 전, 봉사자 나들이로 양산에 있는 '숲애愛서'에 간 적이 있다. 천천히 산을 오르며 새소리를 듣고, 심호흡하며 숲 속 바람에 젖은 마음 한 자락 꺼내어 말린 시간이 참으로 편안하고 행복했다. 서두르지 않고 보낸 하루가 물처럼 투명하게 흘러갔다. 이렇듯 어느 숲에 들더라도 숲에서 받는 좋은 기운은 동일한 것이 아닌가 싶다. 숲은 우리에게 위안을 주고 숲의 노래는 치유의 힘을 가지므로.

숲에는 생물적 요소와 미생물적 요소가 공존하고 있다. 다양한 생물이 살아가는 숲에는 생산자와 소비자, 분해자가 살고 있다고 한다. 식물이 광합성으로 공기를 맑게 하고 무기질을 생성한다. 참나무는 도토리를 생산한다. 식물은 숲의 생산자다. 도토리를 먹는 다람쥐는 숲의 소비자가 된다. 먹이 사슬 포식자에게 잡아먹힌 동물의 사체가 숲에서 발견되지 않는 이유는 분해자인 미생물이 있기 때문이다.

분해된 미생물이 또다시 식물의 먹이가 되는 순환 구조, 이것을 생태계라고 부른다. 이런 생태계가 안정성을 확보하지 못해 교란되고 먹이 사슬이 깨지면서 지구상에서 생물들의 종이 점점 사라지고 있다. 우리나라 산림의 30%를 차지하는 소나무는 오래전부터 소나무 에이즈라고 불리는 재선충에 감염돼 말라 죽어가고 있다.

생물 다양성이 파괴되어 멸종된 대표적인 사례로 16세기까지 존재했던 인도양 모리셔스섬의 도도새가 있다. 모리셔스 도도새는 몸무게가 23kg 정도 나가는 큰 새인데 몸피에 비해 날개가 아주 작아서 날 수 없었다. 머리는 크고 몸통은 둥글며 다리는 짧았다. 도도새에겐 천적이 없었기 때문에 공격하거나 방어할 일이 없었다. 비행할 필요가 없는 날개는 자연히 작게 진화돼 버렸다.

무인도인 모리셔스에 인간들이 들어오기 시작했다. 도도새를 무차별적으로 잡았고 외래종으로 들여온 쥐, 돼지 등은 도도새의 알과 새끼를 마구잡이로 잡아먹었다. 날지도 뛰지도 못하는 도도새는 속수무책으로 당했고 급기야 모리셔스 도도새는 지구상에서 영영 사라지고 말았다.

도도새가 사라진 모리셔스섬에 이상한 일이 일어났다. 우거진 숲을 이루던 카바리아 나무가 점점 사라지더니 열세 그루만 남게 되었다. 알고 보니 껍데기가 단단한 카바리아 씨앗을 도도새가 먹고 소화한 뒤 배설함으로써 카바리아 나무가 번식할 수 있었다.

도도새의 멸종은 생물 다양성이 유지될 때 비로소 동식물이 조화롭게 살아갈 수 있다는 사실을 우리에게 시사한다. 생물의 종이 감소하면서 생태계가 파괴되어 일어난 폐해를 이제 우리는 잘 알고 있다. 지구온난화가 가장 큰 문제로 대두되었다. 결국 그 영향이 인간에게 좋지 않은 결과로 고스

란히 돌아온다는 것을 올여름을 겪으면서 실감했다.

식물의 보금자리 숲은 인간에게도 유익한 점이 많아 숲을 찾는 사람들이 많아지고 있다. 수목원을 찾고 휴양림을 찾는다. 요즘은 멀리 가지 않더라도 도심 곳곳에 작은 공원이 조성되어 일상에 지친 사람들에게 쉼터가 되고 있다. 그곳 나무 의자에 앉아 쉬는 사람을 보면 자연과 어우러진 모습이 아름다운 풍경으로 다가온다. 인간도 자연의 일부이기 때문일 것이다.

솔마루 길을 걷는다. 숲길을 걸으면 오감이 깨어나는 기분이다. 시각과 청각이 조화로운 숲길, 숲의 노래가 들린다. 어떤 날은 새들의 돌림 노래가 들리고 어떤 날은 드라마의 배경 음악처럼 잔잔한 노래가 들린다. 풀벌레가 부르는 노래로 바뀐 계절을 알아차린다. 나뭇잎이 부르는 바람의 노래는 절창이다. 한적한 숲길일수록 노랫소리는 더욱 선명하게 귓가에 와닿는다. 매일 들어도 질리지 않는 자연의 노래, 그 노래가 영원하도록 기도하면서 나는 날마다 숲으로 발걸음을 옮긴다.

우리에게 이르는 시간

찬바람 부는 길가에 낙엽이 수북하다. 하염없이 잎을 떨군 가로수는 점점 나목이 되어 가을이 가고 겨울이 왔다는 것을 알리지만, 심정적으로는 여름에서 겨울로 바로 건너간 느낌이 든다. 따져보면 이번 여름은 유월부터 구월 말까지 더웠다. 일 년 중 삼분의 일이 여름인 셈이었다. 그에 비해 가을은 시월부터 십일월 중순까지 두 달이 채 되지 않아 사람들은 '가을'이 아니라 '갈'이라며 우스갯소리를 했다.

가로수 길을 지나 도로를 건너 공원으로 들어선다. 공원의 나무들도 겨울 채비를 하느라 수선스레 마른 잎을 떨구고 있다. 나무가 모여 있는 숲에는 낙엽이 쌓여 늦가을의 정취를 물씬 자아내고 있는데, 공원 관리원들은 낙엽을 쓸어 모아 포대에 담는 작업이 한창이다. 사람들이 지나다니는 산책로 주변에 흩어진 낙엽을 치우고 있다.

낙엽은 나무의 종류를 가리지 않고 뒤섞여 쌓여 있다. 단풍나무든 벚나무든 참나무든 고유의 이름을 지니고 있으나 낙엽이 되어서는 딱히 제 모습을 드러내지 않는다. 숲의 공동체가 되기 위해 나를 지우고 우리가 되는 것이다. 그래서 낙엽은 배타적이지 않다.

가을이 되면 나무는 추위에 대비하여 잎사귀를 떨어뜨린다. 더이상 광합성을 하지 않는다. 낙엽은 눈이나 얼음을 막아 추위로부터 나무를 지켜 준다. 낙엽은 비가 온 날에는 땅을 보호하고 수분을 보관하는 역할도 한다. 생태계에 이로운 영양을 제공하며 퇴비로 분해되면서 토양을 비옥하게 만들어준다. 이는 다양한 생물들이 살아가는 데 중요한 역할을 한다. 낙엽이 퇴비가 되면 이산화탄소를 흡수하여 대기 오염을 개선하는 데 도움을 준다. 퇴비의 분해로 생기는 영양은 다시 식물이 자라는 데 사용된다. 낙엽은 자연계의 순환 과정에 필수 불가결한 존재가 아닐 수 없다. 이러한 자연적인 순환 과정은 생태계의 균형을 유지하고 지구 환경을 지속 가능하게 하는 중요한 역할자라고 볼 수 있다.

숲에서 길을 묻는 현자賢者에게서 들은 이야기를 옮겨 본다.

"나무와 풀들이 지우는 낙엽은 자라고 싶은 욕망의 회수를 보여주는 가장 극적인 현상입니다. 서릿발과 눈보라가 닥쳐오는 시간은 멈춰야 하는 시간이라는 점을 숲의 생명들은 너무도 잘 압니다. 하여 낙엽을 만들어 자신의 생장 욕망을 멈추는 것입니다. 숲이라는 공동체에서 낙엽의 역할은 무엇일까요? 인간은 온갖 것에 소유를 내세우지만, 낙엽에는 소유권이 없습니다. 그것은 공동의 이불이 됩니다. 바로 이것이 숲을 숲이게 합니다. 숲이 인간 공동체에 은유하는 저 '사회적 환원'이 놀랍고 아름답지 않습니까?"

낙엽을 바라보는 인문학적 시선이다. 낙엽은 나를 넘어 우리의 시간에 이르게 한다. 숲에서는 누구도 소유를 주장하지 않는다. 낙엽 또한 당연히 소유권을 주장하지 않는다. 숲에 쌓여 있는 낙엽은 공동체의 시간이다. 나무는 영양분의 20%만 회수하고 잎사귀에 나머지 영양분을 남겨 낙엽이 되게 한다. 낙엽이 되는 가을은 다음 세대를 생성하는 창조적 계절이기도 하다.

공원 산길에도 낙엽의 이불이 덮여 가는 중이다. 나무 의자에 앉아 팔랑대며 내려앉는 마른 나뭇잎을 가만히 바라본다. 비탈진 어느 곳에 떨어져도 자신의 정체성 따윈 아랑곳하지 않으며 불만 역시 가지지 않는다. 그저 다음 세대를 위해 섞여 버린다. 아낌없이 주는 나무는 봄이면 새잎을 틔우고 잎 무성한 여름을 보내며 낙엽 지는 가을 그리고 나목으로 서 있는 겨울을 묵묵히 보내며 순환한다. 이 또한 낙엽 없이는 아니 될 일이다.

낙엽의 '사회적 환원'을 보면서 만물의 영장이라는 인간의 '사회적 환원'에 대해 생각한다. 낙엽처럼 나를 넘어 우리에게 이르는 시간이 올 수 있을까? 나는 인간도 자연의 일부라고 생각한다. 그런데 우리는 지금까지 인간 중심의 시선으로 자연을 바라보고 재단해 왔다. 앞으로 여름에서 겨울로 바로 건너갈 것 같은 예감, 지금의 현실이 그 결과치를 보여 주고 있다.

5부

퍼펙트 스톰

옛날에 코끼리란 동물이 있었대

극한 폭우와 극한 폭염

이 시대의 덕목

플뿌리 연대 그리고 풀뿌리 연대

세상이 아름다울 수 있는 것은

행복한 식집사

우리 손에 달려 있다 - 그레타 툰베리의 《기후 책》

퍼펙트 스톰

치솟는 물가에 장보기가 무섭다. 올라도 너무 올랐기 때문이다. 음식 재료비 상승으로 식당의 밥값도 올라 매식하기도 신경 쓰인다. 금리도 계속 오르고 기름값도 어마어마하게 올랐다. 고금리, 고유가, 고물가 어느 것 하나 심각하지 않은 것이 없지만 매일 맞닥뜨리는 장바구니 물가가 가장 피부에 와닿는다. 먹지 않으면 살 수 없지 않은가. 우리 앞에 식량 위기라는 말이 현실이 되는 것 같다. 앞으로 식량이 무기가 될 것이라고도 한다.

퍼펙트 스톰은 위력이 크지 않은 둘 이상의 태풍이 충돌해 그 영향력이 폭발적으로 커지는 자연 현상을 말한다. 경제, 사회 분야에서도 두 가지 이상의 악재가 겹쳐 영향력이 더욱 커지는 현상을 일컫는다.

기후 위기와 코로나19 감염병, 전쟁 등으로 인류에게 닥친 악재가 폭발적인 위력을 보인다. 극심한 가뭄과 홍수로 작물의 생산량이 급감하고 코로나 감염병으로 각국의 항구가 봉쇄되어 수급이 원활하지 못했다. 러시아와 우크라이나 전쟁으로 밀과 옥수수 등 우크라이나에서 생산하여 아프리카 등지로 보내지던 곡물의 공급이 중단되었다.

우리나라는 출산율 저조로 인구가 감소하여 사회적으로 큰 문제가 되고 있지만, 현재 세계 인구는 거의 80억에 육박한다. 여전히 지구상의 인구는 계속 늘어나고 있다는 말이다. 10억에서 20억이 되는 데는 100년 정도 걸렸지만 80억에서 10억이 늘어나는 데는 9년 정도 걸린다고 한다. 모집단 자체가 크기 때문이다. 인구 10억이 늘 때마다 브라질만한 땅이 필요하다고 하는데 현재 지구상에는 그만한 여분의 땅이 없다. 앞으로 먹지 못해 죽을 수 있는 엄청난 일이 벌어질 것이라 하며 이미 시작되고 있다. 실제로 아프리카에서는 5세 미만 어린이들이 기아로 사망하고 있다고 전해진다.

우리나라는 OECD 국가 중에서 식량 자급률이 23%로 최하위다. 좁은 땅에 비해 인구는 많고 산업화 과정에서 농지는 줄었다. 농사지을 땅도 농부도 턱없이 부족한 것이 현실이다. 이렇다 보니 쌀과 달걀만 뺀 나머지 식량은 수입에 의존할 수밖에 없는 실정이다. 그래도 지금까지는 별문제가 없었다.

앞으로 식량부족으로 수출국이 자국민 보호를 위해 돈을 준다고 해도 식량을 팔지 않을 경우, 우리나라가 가장 큰 타격을 입게 될 것이라고 한다. 상상하기 힘든 일이지만 세계 식량 전문가들의 일관된 예측이라고 하니 믿지 않을 수도 없다. 대책이 시급한 것 같은데 과연 대책은 있는 것일까?

수직 농법에 대해 들은 적이 있다. 도심에 고층 건물을 지어서 농작물을 경작하는 방식을 말하는데 밀폐된 공간에서 경작하여 병충해를 막을 수 있고 수분과 빛을 인공적으로 조절할 수 있다고 한다. 딸기 농사는 밭에서 짓기보다 시스템화된 농법으로 재배한 지 꽤 되었다. '스마트팜(첨단농장)'이 도시 인근에 조금씩 생겨나는 추세이긴 하나 대규모 수직 농법으로 작물을 경작하는 곳은 아직 없다.

대규모의 수직 농법에 대해서 어느 기업이 진지하게 고민한 적이 있었다. 하지만 농민들의 반대에 부딪혀 실행에 옮기지 못했다. 서울 한복판에 대규모 수직 농법의 건물이 조성되어 농작물이 생산되면 서울 시민들과 수도권 사람들이 그것을 소비하게 되므로 농민들과 농촌 지역이 붕괴할 것은 자명하다. 우리나라 전 인구의 절반이 서울과 수도권에 집중되어 있기 때문이다. 시급하지만 간단한 문제는 아닌 것 같다. 국가적 차원에서 고민하고 해결해야 할 과제다.

전 세계 곡물 유통 채널은 미국 회사들이 가지고 있다. 미국이 이 채널을 틀어쥐고 좌지우지한다면 힘없는 나라들은 속수무책 당할 수밖에 없다. 중동에서 석유를 가지고 세계를 위협할 때 미국은 식량으로 대처하겠다고 했다니 미국이 식량 전쟁을 은근히 부추긴다는 의심을 받는 것도 지어낸 말은 아닌 듯하다. 식량 대란이 현실화하는 것은 기정사실로 받아들이고 준비를 해야 하는데 아직 실감하지 못하는 사람이 많다.

그동안 우리는 너무 많은 음식을 배불리 먹고, 쉽게 남겼으며, 죄의식 없이 버렸다. 며칠 전에도 예의를 갖춰야 하는 자리에서 고급 한정식을 먹었다. 코스로 나오는 요리를 먹으며 남기지 않으려 애썼지만 결국 남겼다. 음식물 쓰레기를 만들고 말았다. 음식을 먹을 만큼만 먹는다고 이 문제가 근본적으로 해결되지 않는다는 것도 알지만 '제2의 보릿고

개'가 올 것이라는데 우리 이래도 되는 것일까?

식량, 에너지, 물 중 어느 것이라도 사람이 살아가는 데 필요하지 않은 것이 없다. 그런데 다 문제가 생겼다. 이 세 가지의 악재를 우리는 과연 어떤 식으로 극복할 수 있을 것인가?

옛날에 코끼리란 동물이 있었대

여기저기 벚꽃 망울이 터지기 시작했다. 만개 소식에 작정하고 딸과 고향 진해로 향했다. 벚꽃은 여의도 윤중로에 핀 것이 최고인 줄 알고 있는 딸에게 진해의 꽃을 보여주고 싶었다. 일곱 살 때까지 살았던 딸의 기억은 살던 동네와 살던 집에 머물러 있었다.

고향을 찾은 날, 벚꽃은 만발하여 꽃대궐을 이루고 있었다. 시내 곳곳에 아름답게 피어 있는 벚꽃에 환호하며 구석구석 발품을 팔았다. 코로나19는 차츰 기세가 꺾였지만 아직 군항제 행사는 열리지 못하고 있었다. 그럼에도 계절 맞춰 피는 꽃을 보려고 여좌천변에는 인파들이 몰려들었다. 해 질녘, 부는 바람에 벚꽃이 한 잎 두 잎 날리는 천변 풍경은 영화 속 한 장면이었다. 자연이 안겨준 행복한 시간이었다.

같은 꽃이라도 시차를 두고 피었다 진다. 거실 창밖으로 보이는 솔숲 사이로 제법 두툼한 나이테를 두른 키 큰 벚나무가 몇 그루 있다. 아파트 입구에 있는 벚나무는 꽃이 일찍 피고 일찍 졌다. 상대적으로 발코니에서 바라보이는 벚나무는 늦게 피었다 늦게 졌는데, 이번에는 웬일인지 피는가 싶더니 곧바로 져버렸다. 공원의 튤립도 피기 무섭게 금세 시들었다. 사월의 이상 고온 탓이라고 했다.

계절도 수상쩍고 동식물들의 변화도 수상쩍다. 사계절이 뚜렷했던 계절이 경계가 허물어지고 기온도 종잡을 수가 없다. 동북아시아에 속한 우리나라가 기후 위기로 조만간 사과와 포도를 더이상 재배할 수 없을지도 모른다고 한다. 세계 도처에서 꿀벌이 사라지고 있으며 호주의 코알라도 멸종위기를 맞고 있다. 코끼리의 멸종위기는 생물 다양성을 위협한다. 현재 지구에 사는 생물들이 15분에 한 종씩 사라지고 있으며 이미 13%나 사라졌다고 한다.

꿀벌만큼 농사에 적극적으로 관여하는 곤충은 없다. 농작물의 꽃가루받이를 70% 가까이 하고 있기 때문이다. 호박벌이나 뒤영벌 · 박쥐도 그 역할을 하지만 꿀벌이 압도적이다. 그런 꿀벌들이 사라진다는 것은 심각한 문제가 아닐 수 없다. 수십 년 전부터 세계 곳곳에서 꿀벌이 사라지고 있었다. 올해 초 우리나라에서도 '꿀벌 실종사건'이 일어났다. 학자들은 여러 이유가 있지만 기후 변화가 가장 큰 원인일 것이라고 했다. 꿀벌이 사라지면 식량 위기를 가져올 수 있다니 불안한 마음 감출 길 없다.

2020년에 일어난 호주 산불은 49℃까지 치솟은 폭염이 지속된 것이 원인이었다. 산불은 6개월 간 이어졌고 지구를 벌겋게 달구었다. 호주의 대표 동물 코알라도 위기를 맞았다. 불구덩이에서 화상 입은 코알라를 구해 내는 장면은 세계인의 가슴을 아프게 했다. 이 산불로 육만 마리의 코알라가 죽었으며 서식지의 80%가 사라져 용케 살아남은 코알라도 멸종 위기종이 되었다.

핵심 종인 코끼리도 1급 멸종 위기종이다. 인도나 아프리카의 코끼리들이 극심한 가뭄으로 먹이를 찾지 못해 쓰레기를 뒤적이고 민가로 내려가 사람에게 많은 피해를 입히고 있다. 2020년 아프리카에서 삼백오십 마리의 코끼리가 집단 폐사한 일이 있었다. 이상 기온으로 생긴 녹조 때문에 떼죽음을 당했다.

코끼리는 나뭇가지를 뽑아 숲의 습도를 조절하고 배변으

로 식물의 씨앗을 수정시키며 탄소 저장고 역할도 하는 동물이다. 그래서 코끼리는 핵심 종으로 불린다. 그런데 사람들은 코끼리의 상아로 장신구를 만들고 심지어 코끼리 다리를 잘라 탁자까지 만든다. 핵심 종의 멸종으로 코끼리와 함께 살아가던 종들이 사라지고 있다. 인간의 탐욕으로 멸종의 도미노 현상이 일어나고 있다.

그동안 지구는 다섯 번의 대전환이 있었다. 백악기에서 신생대까지는 화산 폭발 등 자연재해로 일어난 것이었고 속도도 느리게 진행되었다. 학자들에 따르면, 지구의 여섯 번째 대전환은 이미 시작되었다고 한다. 인간의 이기심과 탐욕이 부메랑이 되어 돌아오고 있다. 급격한 속도로 진행 중인 여섯 번째 대전환은 인류세 시대라고 부른다. 인류세는 인간의 활동이 지구 환경을 바꾸는 지질시대를 이르는 말이다.

인식을 같이하는 사람들이 지속 가능한 지구를 위해 헌신하고 있지만 아직도 상황의 심각성을 제대로 깨닫지 못한 사람들이 있다. 과민반응이라고 말하는 사람도 있다. 그런데 정말 그럴까? 아니, 지구는 심각하다. 자연은 서로서로 연결되어 있기에 언제 와그르르 무너질지 모른다.

짧은 봄, 봄꽃은 피었다 금세 지지만 다음 해를 기약할 수 있기에 고향의 벚꽃을 다시 보러 가리라 마음먹을 수 있다. 그런데 계절마다 피는 고운 꽃들이, 윙윙대며 날아다니는 꿀벌들이, 어느 날 갑자기 거짓말처럼 사라지지는 않을까? 지구에 살았다지만 본 적 없는 공룡처럼, 코끼리도 사라지면 "옛날에 코끼리라는 동물이 있었대."라며 먼 훗날, 얼굴도 모르는 우리의 증손자들이 그림책을 뒤적이며 이야기할지도 모르겠다.

극한 폭우와 극한 폭염

6월부터 시작된 장마는 지금까지 엄청난 피해를 내며 국지성 호우로 이어지고 있다. 이제 우리나라도 이 시기를 우기雨氣로 불러야 한다는 말이 나오고 있다. 근래에 일어나는 현상을 보면 합당한 용어인 것 같기도 하다.

지난 7월 15일, 일이 있어 서울에 있었는데 일을 마치기도 전에 어머니의 부음을 들었다. 마음의 준비는 하고 있었지만 이렇게 서둘러 가실 줄은 몰랐다. 그날도 서해안에는 엄청난 비가 쏟아지고 있었다. 급히 일정을 취소하고 기차표를 바꿔 허둥지둥 열차에 올랐다. 마음 바쁜 내 사정과 달리, 고속열차는 속도를 내지 못했다. 이미 내린 많은 비로 산사태와 낙석의 위험이 있어 구간별로 서행한다는 안내 방송이 계속 나왔다. 30분 넘게 지연되어 울산역에 도착했고

역에서 만난 남편과 곧바로 어머니가 계시는 진해로 향했다.

장례 기간 중 내린 폭우는 전국 곳곳에 큰 피해를 주고, 오송 지하차도에서는 무려 14명이나 목숨을 잃었다. 무섭게 내린 비 때문에 강이 넘치고 지하 차도가 물바다가 되었다. 그것도 몇 분 사이, 순식간에 일어났다고 한다. 이 일이 있기 며칠 전에 외출했다가 갑자기 내린 폭우에 건물 밖을 나가지도 못하고 비가 잦아들기만을 망연하게 기다린 적이 있다. 시간대별 일기예보를 체크하고 나갔으나 예보는 빗나갔다. 거세게 쏟아지는 비도 비였지만 천둥번개까지 우르릉 쾅쾅 무지막지하게 쳐댔다. 여름날 소나기의 낭만 같은 건 느낄 수 없는 공포가 밀려왔다.

하늘이 인간에게 벌을 내리는 것만 같았다. 기후 위기는 미래의 일이 아닌, 지금 바로 눈앞에서 일어나고 있었다. 이상 기후 현상은 우리나라뿐만이 아니다. 전 세계가 폭우, 폭염으로 최악의 7월을 보내고 있다.

미국 서부 애리조나주는 46℃의 기온이 일주일 넘게 지속되고 있어 폭염으로 인한 사망자가 열 명 넘게 나오고, 길에서 넘어지기만 해도 심한 화상을 입어 화상센터는 환자들로

미어터진다고 한다. 아스팔트 온도가 82℃까지 오를 수 있다니 화상을 입을 수밖에 없다는 것이다. 또한 미국 최남단 플로리다주 마이애미 해변에서 60km 정도 떨어진 바닷속 온도가 38℃로 측정되었다. 뜨거워진 바닷물에 산호들이 하얗게 죽어가고 있다고 한다.

유럽의 그리스와 이태리에서는 폭염으로 대형 산불이 지속되고 있으며 남지중해를 끼고 있는 아프리카 알제리에서도 낮 최고 기온이 48℃까지 치솟아 30명 이상이 사망하고 크고 작은 산불 수십 건이 발생했다. 알래스카는 영상 18℃를 찍고 극지 남극에 잔디가 파랗게 돋아났다.

이런 현상은 올해만으로 끝나지 않을 것이란 전망이다. 극한 폭우, 극한 폭염이란 단어가 참으로 폭력적으로 느껴지지만 달리 표현할 대체 단어를 찾지 못하겠다. 전 세계가 힘을 합쳐 과감하고 신속하게 탄소 배출을 줄이지 않는다면 지구는 더욱 뜨거워질 수밖에 없으며 지금보다 더한 재앙이 닥칠 것이라고 한다.

한동안 잠잠했던 코로나가 소리 없이 번지고 있다. 변종 바이러스는 이전의 코로나 증상과 전혀 다른 양상을 보인다고 한다. 다시 입을 가리고 사람들과 거리를 둬야 하며 손을 자주 씻으라고 한다. 겨우 벗었던 마스크를 다시 써야 한다니 갑갑하고 답답한 마음 감출 길 없다.

90세를 일기로 세상을 떠난 어머니는 코로나가 한창이었던 2020년 8월에 요양병원으로 들어 가셨다. 인생의 마지막 집이라는 그 쓸쓸하고 외로운 요양병원에서 코로나 시국을 오롯이 겪었다. 가족과 단절된 시간은 더 외롭고 더욱 쓸쓸하여 어머니는 무척 힘들어했다. 코로나가 아니었더라면 좀더 사셨을까? 면회조차 마음껏 할 수 없었던 코로나 시국이 끝나는가 했더니 어머니와 영원한 이별하게 했다. 매우 슬프지만 어머니에게 다시 코로나를 겪게 하지 않아서 한편으로 위안이 된다.

극한 폭우와 극한 폭염에 또다시 고개를 들고 있는 감염병이 두려움으로 다가오는 2023년의 7월이 가고 있다. 본격적인 여름은 이제 시작인데.

이 시대의 덕목

집안일 중에 가장 하기 싫은 것을 꼽으라면 음식물 쓰레기를 버리는 일이다. 두 식구 사는 집에 음식물 쓰레기가 생각보다 많이 나온다. 바로바로 처리하지 않으면 금세 쌓여 스트레스도 함께 쌓인다. 다른 집과 비교해서 그렇다는 것이 아니다. 그러니까 상대 평가가 아닌 절대 평가인 것이다. 음식물 쓰레기를 처리하는 일은 매일의 숙제가 되고 있다.

식구도 없고 때때마다 진수성찬을 차려 먹는 것도 아닌데 왜 이렇게 버려지는 음식물이 많은지 생각해 보게 되었다. 두 사람 다 예전보다 외식이 줄어 끼니 때마다 집에서 밥을 차려 먹게 되었고 무엇보다 과일 소비량이 많은 것이 원인인 것 같았다. 나름대로 두 사람 먹을 만큼만 준비를 해도 재료 손질 등 기본 쓰레기들은 줄어들지 않는 것 같다.

직장 때문에 서울에서 자취하는 딸은 어쩔 수 없이 배달 음식을 자주 시키는데 이조차 스트레스를 유발한다고 했다. 먹고 남은 음식물 처리도 그렇고 일회용 배달 용기가 너무 많이 나와서 기분이 좋지 않다고 했다. 그래서 상대적으로 쓰레기 배출이 적은 햄버거나 치킨을 시키게 된다는데 좋은 음식들이 아니어서 식생활이 고민스럽다고 했다. 손바닥만 한 원룸에서 조리하기는 쉽지 않고 무엇보다 식재료를 사 놓아도 연속성이 없어서 결국 버리는 것이 더 많다고 했다. 집에서 밥을 부지런히 해 먹는 사람도 자칫 버려지는 식재료들이 있는데 아무렴 자취생은 오죽할까 싶었다.

먹을 것이 부족했던 어린 시절, 부모님으로부터 "뛰지 마라. 배 꺼진다."라는 말을 종종 들었는데 주로 왕성하게 뛰놀던 남동생들에게 해당하는 말이었다. 그렇게 뛰놀다 보면 금세 배가 고파질 것이므로 먹일 것이 넉넉하지 못했던 부모로서 할 수밖에 없는 말이었을 것이다. 요즘 아이들은 상상하지도 못할 일이었다.

우리 사회가 눈부신 경제 성장을 하면서 전 국민의 생활이 예전에 비해 윤택해져서 먹을 것을 걱정하는 사람이 많지 않은 시대를 살고 있다. 이제는 오히려 찐 살을 빼기 위해 고군분투하는 사람이 많아졌다. 지금은 비만이 질병으로 간주하여 비만 환자들은 '살과의 전쟁'을 벌이고 있다. '뛰지 마라, 배 꺼진다.'는 옛말을 '배 좀 꺼지게 뛰어라.'로 바꿔야 할 판이다.

암癌이라는 한자를 보면 입 구口자가 세 개나 들어있는 것을 알 수 있다. 한자를 풀이하면 많이 먹어서 생기는 병이라는 뜻이 담겨 있는 것은 아닐까 싶다. 살아 있는 생명체로 먹지 않고 생존할 수 없지만 과하지 않게 먹어야 한다고 말하는 것 같다.

몸에 좋은 음식을 약간 부족한 듯 먹는 것이 가장 좋은 것이라는 것을 모르는 사람은 없을 것이다. 신선한 재료로 조리해 먹는 것이 여러모로 좋다는 것을 모르는 사람도 없을 것이다. 각자의 여건상 실천하지 못할 뿐이다. 사회생활을 은퇴한 사람도 그래서 집에서 얼마든지 해 먹을 수 있는 사람도 매 끼니를 조리해서 먹기가 쉽지만은 않다. 해서 아파트에서 끓이기 쉽지 않은 곰국 같은 것은 이름난 집을 찾아 밀키트(바로 요리 세트)로 시켜 일을 줄이기도 한다. 김치도 직접 담그기보다 주문해서 사다 먹는 집이 늘어나고 있다. 핵가족으로 사는 사람들이 대다수라 많이 만들지 않아도 되기 때문이다.

사람은 움직이면 돈을 쓴다고 하지만, 사람이 움직이는 곳에는 항상 쓰레기를 만들고 있다고 생각한다. 뭔가 먹고 났을 때, 필요한 물건을 샀을 때, 머리를 감고 샤워를 했을 때 우리는 음식물 쓰레기를 남기고, 물건의 포장지를 남기고, 샴푸와 비눗물을 하수구로 흘려보낸다. 그런 일을 의식을 하건 하지 않건 매일 혹은 수시로 하는 것이다. 한 사람의 하루를 따라가 보면 하루에 배출하는 쓰레기가 절대로 적지 않은 양일 것으로 생각된다.

이미 시행하고 있는 곳도 많지만, 우리 아파트도 그동안 언제든지 그냥 버릴 수 있던 음식물 쓰레기를, 버리는 양만큼 무게를 달고 카드로 결제하는 방식으로 바꿀 것이라고 한다. 큰돈을 내지 않더라도 안 내던 돈을 내라고 하면 좋아할 사람은 아무도 없다. 하지만 이렇게라도 하면 버려지는 음식물 양이 좀 줄어들지 않을까 싶기도 하다.

지극히 주관적인 생각이지만 건강과 환경을 위해서라도 모자란 듯 먹고 약간 부족하게 가지며 가볍게 사는 것이 이 시대 우리가 가져야 할 덕목이 아닐지 진지하게 고민하게 된다.

플뿌리 연대 그리고 풀뿌리 연대

공원으로 향하는 길목에 자주 들르는 커피집이 있다. 주로 포장 판매하는 곳이라, 보온병을 챙겨 나간다. 뜨거운 커피를 좋아하는 나로서는 미세 플라스틱이 나오는 종이컵을 사용하기에 찜찜하기도 하지만 무엇보다 환경에 해로운 일회용품을 줄이기 위해서다. 작은 실천이지만 장바구니 챙기기와 보온병 챙기기는 일상이 되었다.

이렇게 나름의 노력을 기울여도 일상생활에서 배출되는 비닐이나 플라스틱은 쉽게 줄어들지 않는다. 우리 생활 깊숙이 파고든 비닐이나 플라스틱은 실은 떼려야 뗄 수 없는, 매일 사용하는 생활용품과 함께하기 때문이다.

주부 관점에서 예를 들면 마트에 있는 식재료의 포장은 대부분 비닐이나 플라스틱으로 돼 있고, 장을 봐 온 식재료를 소분해야 할 때 어쩔 수 없이 비닐 팩이나 지퍼백을 사용하게 된다. 김치를 썰거나 나물을 무칠 때도 비닐장갑을 낀다. 애초 우리 어머니들처럼 비닐이 없었더라면 맨손으로 했을 텐데 편한 것을 알고 난 뒤 맨손에 음식 냄새 배는 일은 하지 않으려 한다.

주방에서 사용되는 것도 이럴진대 사회 전체적으로 보면 환경을 해치는 일회용품이나 비닐 등의 사용은 날마다 어마어마한 양을 소비하고 배출하고 있다는 것을 알 수 있다.

얼마 전, 부산 벡스코에서 '국제플라스틱협약 제5차 회의'가 열렸다. 이 협약은 플라스틱 오염의 심각성을 인지한 유엔의 회원국들이 지구 전체적으로 플라스틱을 줄이기 위한 규칙을 정하는 것을 목표로 한다. 회원국들은 협약의 내용을 정하기 위해 모여 협상 회의를 해나가는 것이다. 협상 회의는 2022년 말부터 시작되었으며, 전 세계 170여개국이 참여하고 있다. 2024년 4월 캐나다 오타와에서 네 번째 회의가 열렸고, 올 11월에 우리나라 부산에서 다섯 번째 회의가 열렸다.

지난 11월 23일 그린피스와 플뿌리 연대(플라스틱 문제를 뿌리 뽑는 연대)는 부산 벡스코 근처에서 1,000여 명의 시민들과 함께 행진을 진행했다. 행진에 참여한 모든 시민은 “더이상의 플라스틱은 그만, No more plastic”을 함께 외치며 플라스틱 생산을 줄일 것을 요구했다.

유엔 회원국들이 2022년부터 다섯 차례 회의를 거쳐 규칙을 만들기로 했는데 네 번째 회의까지 커다란 진전이 없었다. 그래서 다섯 번째 회의가 열리는 부산에 전 세계의 관심이 더욱더 집중되었다.

플뿌리 시민들은 플라스틱 문제를 해결하라는 강력한 메시지를 170여개 참가국 대표들에게 전하기 위해 다양한 활동을 펼쳤다. 협상 시작 전날 그린피스는 다른 환경 단체들과 함께 전 세계 182개국 300여만 명의 서명을 협상 의장에게 전달했다.

그린피스는 그동안 전 세계 시민들이 함께 힘을 합쳐 만든 거대한 눈을 벡스코 인근 상공에 띄웠다. 이 깃발은 스위스 예술가인 댄 아처Dan Acher와의 협업으로 제작한 예술품으로, 시민들이 보내온 초상 사진을 모아 만들어졌다. 이 눈은 전 세계 리더들에게 ‘세계 시민들이 그들의 결정을 지켜보고 있다.’라는 강력한 메시지를 전달하기 위해 만들어졌다.

국제적으로 플라스틱 생산량을 대폭 줄여 오염을 끝낼 수

REDUCE PLASTIC

있는 기회가 우리 앞에 있으며, 그 한가운데에 대한민국 정부가 있다. 회의에서 개최국의 의견은 주변국에도 영향을 미치기 때문에 그 힘이 크다고 볼 수 있기 때문이다.

전 세계 플뿌리 시민들의 적극적이고 다양한 활동에도 불구하고, 플라스틱 오염 종식 국제협약 성안을 위한 협상이 시한 일(12월 1일)까지 타결 짓지 못한 채 추후 협상을 재개하기로 했다고 한다. 하여 국제 플라스틱 협약의 마지막 회의인 제5차 회의도 아쉬운 결과로 끝나고 말았다.

협상위원회의 마지막 전체 회의에서 협상 위를 이끄는 루이스 바야스 발비디에소Luis Vayas Valvidieso 의장은 "일부 문안에 대한 합의가 이뤄진 것은 고무적이지만, 소수의 쟁점이 완전한 합의를 이루는 것을 막고 있다는 점도 인정해야 한다."라고 말했다. 참가국마다 이 협약의 취지를 큰 틀에서는 동의하나 자국에 불리한 조항에는 쉽사리 동의하기 힘들었을 것이다. 하루가 시급한 문제지만 포기하지 말고 지속적으로 관심을 가져야 할 것이다.

부산에서 국제 플라스틱 협약 제5차 회의가 끝난 이틀 후, 우리나라에서는 비상계엄령이 선포되었다. 그 밤, 풀뿌리 시민들의 힘으로 몇 시간 뒤 계엄 해제를 끌어냈다. 계엄

이 어떤 것을 의미하는지 몸소 겪은 세대로서 너무나 무서운 밤을 보냈다. 아직 모든 일이 마무리된 것이 아니어서 불안한 마음이지만, 가장 어두울 때 가장 빛나는 응원봉으로 나라의 빛이 되어준 풀뿌리 젊은 세대들에게 감사와 경의를 표한다.

세상이 아름다울 수 있는 것은

새해가 된 지 엊그제 같은데 벌써 한 달이 지나고 있다. 지난해 12월과 새해로 이어지는 지금까지 우리는 생각하지도 못한 일로 엄청난 혼란을 겪고 있다. 12 · 3 계엄부터 계엄 해제, 탄핵 가결, 항공기 참사까지 우울하고 참담한 마음으로 2024년을 보냈고, 어수선하고 혼란스러운 채로 2025년을 맞이했다.

근래 수면의 질이 떨어지긴 했으나, 12 · 3 이후 불면의 밤이 더 잦아졌다. 뉴스 보기가 겁이 났으며 그렇다고 모른 척하고 지내기는 더 불안했다. 일상을 영위하기가 힘들었다. 없던 두통과 소화불량에 시달렸고 평소와 다르게 입이 거칠어졌다.

우리가 왜 이런 상황을 겪어야 하는지 알 수 없었다. 내가 알던 우리나라가 맞는지 매일 매일 고개가 갸우뚱거려지고, 일어나고 있는 모든 일이 납득되지 않았다. 왜? 왜? 의문부호만 가득한 상태로 평소와 다른 자신과 싸우고 있었다. 자유 민주주의를, 법치를, 공정을 입에 달고 살던 그는 정작 초법적인 언행을 서슴지 않고 국민은 안중에도 없는 행태를 보이며 그동안 대한민국이 쌓아올린 국격을 가차 없이 무너뜨리고 있었다. 세계인들에게 놀라움을 주었던 평화적인 시위 문화도 1 · 19 '서부지법 폭동 난입 사건'으로 씻을 수 없는 오점을 남겼다. 그간 잘 작동하던 시스템이 한순간에 무너졌다.

12 · 3 계엄 이후, 환율은 치솟고, 주식 시장은 급락했으며 경제 성장률은 하향 조정되었다. 그러지 않아도 경기가 좋지 않아 다들 힘들다고 아우성인데 불에 기름을 끼얹은 격이 되었다. 한마디로 경제가 엉망진창이 되었다. 이러다 우리나라 망하는 것 아닌가? 하는 불안한 생각이 절로 들었다. 아무런 힘을 가지지 못한 일반 시민인 자신이 왜 이렇게 나라 걱정을 하고 있는지 알 수 없었다. 주변 사람들도 비슷한 생각을 하며 힘들어했다. 처음 겪는 이 불안감과 힘듦이 어디서 연유하는 것일까?

어느 철학자의 말을 빌리면, 그것은 우리 사회가 그동안 살아오면서 상식이라고 알고 있었고, 그 상식선에서 생각하고 행동해 왔던 것들이 일거에 무너져 버렸기 때문이라고 했다. 그래서 많은 사람이 '철학적 고통'을 받고 있다는 것이다. 철학적이라는 수식어가 부담스럽긴 해도 고개가 주억거려졌다.

요즘은 '양심'이란 말을 잘 사용하지 않는 것 같다. 그만큼 양심의 가치가 현대 자본주의 사회에서는 빛을 발하지 못하기 때문이다. 양심적인 사람보다 비양심적인 사람이 더 잘사는 경우를 허다하게 보아 왔기 때문이리라. 타인에 대한 배려보다 나만 잘살면 된다는 이기심이, "양심 따윈 개나 줘버려." 라고 생각하는 사람들이 많아졌기 때문이리라.

양심과 상식은 일맥상통하는 뜻을 가지고 있다고 생각한다. 그가 양심적이고 상식적인 사람이었다면 지금과 같은 상황을 만들지 않았을 것이다. 한번이라도 국민을 제대로 설득하고 거짓 없이 진심을 말한 적 있었던가? 아무리 생각해 봐도 기억이 나지 않는다.

초파리의 양심 혹은 공감에 대해서 들은 적이 있다. 실험실 케이지에 초파리를 한 마리씩 넣고 한 초파리에게만 먹이를 주면 처음에는 멋모르고 잘 먹다가 다른 케이지에서 굶고 있는 초파리들이 신음하는 소리를 듣게 되면 그 초파리는 먹는 것을 거부한다고 한다. 굶고 있는 초파리들을 보면서 차마 먹을 수 없기 때문이다. 그들의 고통에 공감한다는 뜻이다.

한낱 미물도 이를진대, 하물며 사람 사는 세상이 아름다울 수 있는 것은 양심적이고 상식적인 사람들이 서로 배려하며 공감할 수 있기 때문이다. 그런데 지금 우리는 방향을 잃고 갈피 잡지 못하는 난파선에 타고 있는 불안한 느낌을 지울 수 없다.

펜싱 경기에 '투셰touche'라는 말이 있다. 공격이 성공해서 점수가 났을 때 외치는 말이다. 찌른 사람이 아니라, 찔린 사람이 내는 소리다. 그러니까 투셰는 '찔렀다'가 아니라 '찔렸다'라는 뜻이다. 득점한 사람이 아닌, 실점한 사람이 손을 들고 점수를 주는 것이다. 이게 펜싱의 법도다. 아이러니하게도 투셰는 많이 외칠수록 좋다. '찔렸다', '졌다'라고 외치는 순간 자신의 잘못과 실수를 깨닫게 된다는 얘기다.

헌법재판소에서 재판을 받는 그를 본다. 모든 잘못을 부하에게 떠넘기고, 눈에 뻔히 보이는 거짓말을 하는 모습은 차마 보기에 민망하다. 그날 밤, 온 국민이 그가 무슨 일을 했는지 똑똑히 다 보았는데.

양심은 착하고 어진 마음이다. 상식은 누구나 알고 있는, 해서는 아니 되는 일을 하지 않는 것이다. 공평하고 올바른 것이 공정이며, 법에 바탕을 두어 다스리는 것이 법치다. 양심이란 '마음에 타는 작은 촛불 하나'라고 어느 교수님이 말했다. 새해에는 우리 모두에게 사라져 가는 양심의 가치를 되살리는 해가 되기를, 상식이 통하는 사회가 되기를, 공정과 법치가 살아 있는 나라가 되기를 그리하여 우리나라 좋은 나라이기를 간절한 마음으로 기도한다.

행복한 식집사

겨울이 지나자, 발코니 화단에 화분 몇 개가 비었다. 추위를 이겨내지 못한 화초들이 그만 저세상으로 가고 말았다. 그중에는 몇 년간 애지중지하며 키웠던 율마도 있었다. 모양을 잡기 위해 수시로 순을 잘라준 덕에 수형이 잡혀 멋지게 자라고 있었는데 어느 날 보니 잎이 까칠해져 있었다. 다른 식물과 달리 율마는 한번 잎이 말라 까칠해지면 돌이킬 수 없는 상황이 벌어진다. 몇 년간 정성 들여 키웠는데 한순간의 방심으로 저세상으로 보내고 말았다. 속상하고 안타까웠지만, 관리를 제대로 하지 못한 식집사 나의 잘못이라 누굴 탓할 수도 없었다.

지난가을, 지인이 이사를 가면서 상태가 썩 좋지 않은 금전수와 칼라데아를 맡아 줄 수 없겠냐고 했다. 사실 나도 아직 초보 수준이라, 잘 키울 자신이 없었지만 받지 않으면 버려질 것 같아 우리 집으로 들이게 되었다. 걱정했던 대로 우리 집 화단에서 겨울나기에 실패하고 말았다. 그 외에도 소형 화분에서 자라고 있던 장미 허브도 의도했던 수형으로 자라지 못하고 시들부들했다. 너무 잘 자라서 여기저기 꺾꽂이한 스킨답서스와 나비란은 정리가 필요했다.

몇 년 동안 발코니에서 식물을 키워 보니 우리 집에서 잘 자라는 것과 그렇지 못한 식물이 있다는 것을 알게 되었다. 화분에서 자라는 식물들의 한계와 남향보다 일조량이 충분하지 못한 동향 발코니 화단의 한계도 알게 되었다.

봄이 왔으니 발코니 화단에도 봄 단장을 시켜주고 싶었다. 아니, 화사한 봄꽃들과 싱싱한 초록 식물들을 심어 아직 찬 바람 부는 우울한 마음에 봄기운을 가득 불어 넣고 싶었다. 발품 아닌 손품을 팔아 인터넷 화원에서 새로운 식물들을 구매했다. 꽃 핀 시클라멘과 베고니아, 알뿌리 식물인 튤립과 히아신스, 수선화를 샀고 키우기 쉽다는 홍콩야자, 지인에게 받았다 회생시키지 못한 칼라데아 두 종도 함께 들였다.

꼼꼼하게 포장된 식물들이 도착했다. 안전하게 잘 도착한

식물들을 보는 순간, 마음에 봄바람이 스며드는 것 같았다. 손가락 몇 번 움직여 손쉽게 구매했지만, 포장재가 많이 나왔다. 그나마 쓰레기 배출이 적은 재활용 포장재라 다행으로 여겼다. 전자 상거래를 하는 업체들도 환경에 신경을 쓰고 있다는 것이 느껴졌다.

먼 곳에서 이곳까지 오느라 고생했을 식물들을, 온 상태 그대로 하룻밤을 재워 쉬게 했다. 온도와 바람, 햇빛의 양까지 다른 낯선 환경에서 잘 살아갈 수 있기를 바랐다. 새로운 곳에서 빠르게 적응하는 식물도 있지만 더러는 그렇지 못한 식물도 있기 때문이다.

봄비가 촉촉이 내리는 날, 겨울을 잘 견뎌낸 기존의 식물 중 분갈이가 필요한 것은 분을 갈고 새로 들여온 식물들도 분갈이해 주었다. 분홍색과 보라색 꽃을 피운 시클라멘, 빨간 베고니아, 노란 수선화는 그 존재만으로도 화단을 화려하게 장식했다. 여기에 튤립까지 피면 화단은 그야말로 꽃 정원이 될 것 같아, 기대가 무럭무럭 자라는 튤립 잎사귀처럼 피어올랐다.

흙을 만지며 정리한 식물들을 화단에 재배치하고 나니 한나절이 훌쩍 넘어 있었다. 발코니라는 한정된 공간에서 하는 분갈이 작업이 썩 용이한 편이 아니어서 신경이 쓰였지만, 새로 단장한 화단을 보는 것만으로 도파민이 충만해졌다. 이제는 잘 관리하는 일만 남았다.

쉬운 듯 어려운 것이 식집사 노릇이다. 식집사는 물 시중, 바람 시중, 햇빛 시중을 드는 시중꾼이다. 너무 부지런해도 과습으로 죽이게 되고 너무 무심해도 말려 죽이게 된다. 햇빛을 좋아하는지, 반그늘을 좋아하는지, 벌레가 꼬이는지도 살펴야 하며 때때로 영양제도 주어야 한다. 한파가 몰려오면 찬바람을 막아 주고 폭염이 시작되면 그늘을 만들고 기온을 끌어내리기 위한 노력도 해야 한다. 바깥에서 비바람을 맞고 자라는 식물이 아니기 때문에 이런 노력은 당연하다. 한번 문제가 생긴 것은 고치기 힘들다는 것과 잘 자란다고 쓸데없이 화분을 늘리는 것도 조심해야 한다. 과욕은 금물, 결국은 제대로 된 것 한두 개만 남겨 놓게 된다.

준비되지 못한 식집사의 변이겠지만, 식물 키우기야 시행착오를 거듭해도 다시 도전할 수 있고 내 삶에 지대한 영향을 끼치지 않으나, 나라를 움직이는 윗분들이 나처럼 시행착오를 거듭하는 식집사가 되어서는 아니 될 것이다. 국가를 운영한다는 것은 전 국민의 삶과 직결되어 있고 잘못된 것을 바로 잡기에는 엄청난 비용과 시간이 필요하기 때문이다. 그렇게 들어가는 사회적 비용은 전 국민이 떠안아야 하므로 유능한 식집사가 필요하다.

발코니 화단이 행복으로 가득 찬 아름다운 정원이 되려면 식집사의 애정 어린 손길과 지나치지 않는 관심과 무엇보다 시중꾼으로서의 자세가 필요하다. 쉬운 듯 쉽지 않지만 그렇게만 된다면 행복한 식집사가 될 수 있다고 생각한다. 우리는 아직 끝나지 않은, 그래서 너무나 불안하고 힘든 시간 속에 있지만 시간 앞에 해결되지 않는 것은 없다. 순도 높은 맑은 바람과 양질의 햇빛과 영양 가득한 흙으로 우리 삶의 토대가 비옥해지고 굳건해지라 굳게 믿고 싶다.

우리 손에 달려 있다

- 그레타 툰베리의 《기후 책》

환경 문제에 관심이 있는 사람이라면 툰베리란 이름을 한 번쯤은 들어봤을 것이다. 그레타 툰베리는 스웨덴의 환경운동가이다. 2003년생으로 올해 스무 살이 되었다. 2018년 8월, 스웨덴 의회 밖에서 처음으로 청소년 기후 행동을 한 것을 시작으로, 2019년 전 세계적인 기후 관련 동맹휴학 운동을 이끈 장본인이다. 2019년 《타임》지 올해의 인물로 선정되었으며 2019년 노벨평화상 후보로 선정되었다.

얼마 전, 그는 세계 지성들과 함께 쓴 《기후 책》(원제: THE CLIMATE BOOK)을 펴냈다. 지구 환경의 심각성을 일으키고 있는 인간의 활동과 상황을 조망한 책이다. 책에는 여러 통계와 과학에 기반을 둔 '예언'이 함께 수록돼 있다. 지금 우리가 겪고 있는 기후 위기를 어떻게 풀어나갈 것인지 궁금해서 두꺼운 책장을 넘기기 시작했다. 기후 위기로 전에 겪지 못한 일들을 겪고 있는 지금, 우리가 함께 읽고 인식하며 해결책을 찾아보았으면 한다. 기후 위기는 인류의 모든 것과 연결되어 있다는 것을 알 수 있기 때문이다.

현생 인류인 호모 사피엔스는 지구의 관점에서 보면 파멸적인 존재였다. 사피엔스는 약 12만 년 전부터 아프리카를 벗어나 각 대륙으로 이동했는데, 그때부터 대형 포유류의 대재앙이 시작됐다. 몸무게 90㎏에 이르는 비버, 나무늘보, 글립토돈, 대형 코뿔소, 몸집이 기린만 한 새 '모아' 등이 잇달아 멸종했다. 심지어 멸종종 안에는 같은 인간종인 네안데르탈인도 있었다. 사피엔스가 정착한 시점과 이들의 멸종 시점은 정확히 일치했다. 인간이 불운의 씨앗이었던 셈이다.

대형 포유류에 이어 이제는 모든 생명의 삶의 터전까지 사라질 위기에 처했다. 수많은 과학자와 환경운동가들은 인간이 탄소 배출을 줄이지 않는다면 여섯 번째 대멸종이 일어날 수 있다고 경고한다.

산업혁명 후 자본주의가 강화하면서 인간은 지구 깊숙이

자리한 암석층에서 자원들을 끌어올려 산업 발전의 연료로 사용했다. 석탄과 석유 등 각종 부존자원을 통해 인류는 문명을 발전시켜 나갔다. 그 과정에서 지하에 봉인돼 있던 이산화탄소가 대기 중에 흩어졌다. 지구가 수십억 년 동안 애써 붙잡아놓은 탄소를 200년 정도의 짧은 기간에 마구 풀어낸 셈이었다. 이산화탄소는 화산에서 분출돼 대기와 바다로 들어가고 생명의 순환에 개입했다가 다시 암석에 축적되는 이동을 통해 지구라는 시스템을 만들었다. 이 '탄소순환'은 지구 환경 형성의 핵심이다. 그런데 인간이 산업혁명을 거치면서 이 환경 시스템을 파괴하기 시작한 것이다.

지난 200년간 건물을 세우고, 철도를 놓고, 길을 닦으며 인간은 무수히 많은 이산화탄소를 대기 중에 방출했다. 자동차부터 우리가 입고 있는 옷까지, 산업혁명 후 인류 문명은 탄소에 기반을 두어 성장했다. 그 결과, 지구 평균기온은 산업혁명 후 1℃ 넘게 상승했다. 여러 학자에 따르면 2℃가 넘게 올라간다면 '지구 위험 한계선'을 넘어서게 된다. 그렇게 되면 인간이 통제할 수 있는 '티핑 포인트'를 넘어서 대재앙이 빚어지는 아포칼립스(세계의 종말)를 향해 갈 수밖에 없다. 2015년 '파리기후협약'에서 각국이 기온 상승을 2℃

이내로 제한하고 1.5℃ 안으로 억제하고자 노력하자고 의결한 이유였다.

책에는 녹아내리는 빙상과 경제학, 종의 손실, 감염병 팬데믹, 바다에 잠겨가는 섬, 삼림 훼손, 토양 황폐화, 물 부족, 미래 식량 생산, 탄소 예산까지 기후 변화와 관련된 거의 모든 문제가 담겨 있다. 여러 학자의 글을 묶어 글마다 통계가 다소 차이가 나지만 여러 통계가 가리키는 것은 분명하다. 지금 당장 행동하지 않는다면 '대재앙'이 불가피하다는 것이다.

이제 스무 살을 맞은 툰베리는 나이답지 않게 인생은 그 어떤 일도 흑과 백으로 가를 수 없고, 딱 떨어지는 해답도 없다고 말한다. 그러나 역학의 세계, 물질의 세계는 인간사와 다르다고 강조한다. 흑과 백이 명확하다는 것이다. 우리가 현재의 소비를 유지하려면 지구 4개 정도가 필요하고, 만약 이 좁은 공간에서 지금처럼 탄소를 배출한다면 인류가 살아남기 어렵다고 그는 말한다.

문제가 이처럼 심각하지만, 해답을 찾기가 쉽지 않다. 툰베리의 말처럼, 폭풍 속에 있지만 우리가 모두 한 배를 탄 건 아니어서다. 일단 선진국을 설득하기가 쉽지 않은 작업이다. 그러나 그 허들을 넘는다 해도 후진국의 타당한 반발이 남아 있다. 후진국들은 "왜 우리가 줄여야 하나? 그건 불공평하다."라고 주장한다. 선진국들이 주로 식민주의를 통해 탄소를 엄청나게 소비하며 발전했는데, 왜 그 결과를 후진국 주민들이 책임져야 하냐는 반발이다. 그들은 남반구의 1인당 탄소 배출량은 부유한 나라의 탄소 배출량보다 훨씬 적은데도 가난한 나라들의 탄소 배출을 제한하려는 시도는 "지난 200년간의 경제적 · 지정학적 격차를 계속 유지하려는 선진국의 은밀한 시도"라고 비난한다.

툰베리도 이와 인식을 같이한다. 그는 "기후 위기와 생태 위기는 식민주의 시대와 그 이전 시기부터 시작되어 누적된 위기"라며, "이 위기에 책임이 있는 사람들이 자신이 만들어 낸 쓰레기를 치우는 일에 나서지 않는 한, 이 일은 결코 성공할 수 없다."라고 잘라 말한다. 이어 "도덕성과 공감, 과학, 미디어, 민주주의 같은 인간의 도구들을 활용해 최악의 결과를 피하도록 노력해야 한다."라고 강조한다.

책을 읽으며 툰베리를 위시한 과학자들의 글에서 희망을 길어 올리는 독자도 많을 것 같지만 또 다른 세계관을 가진 독자라면 페이지를 넘길수록 기후변화 문제를 해결하기란 불가능한 게 아니냐고 고개를 저을 수도 있다. 기후 위기의 기저에는 타인보다 위에 서려는 인간의 뿌리 깊은 욕망이 도사리고 있어서다. 기후 위기 안에는 인종주의, 식민주의 등 온갖 인간의 '흑역사'가 내포해 있다. 그 심연을 올곧이 바라보고 제대로 수술을 집도할 수 있을지는 전적으로 인간에게 달려 있다. 툰베리의 말처럼 정말 우리의 손에 달려 있다.

이지원의 그린 에세이
우리에게 이르는 시간

인쇄 2025년 6월 20일
발행 2025년 6월 27일

지은이 이지원
발행인 서정환
펴낸곳 수필과비평사
주소 서울특별시 종로구 삼일대로32길 36(운현신화타워) 305호
전화 (02) 3675-3885 (063) 275-4000 · 0484
팩스 (063) 274-3131
이메일 essay321@hanmail.net sina321@hanmail.net
출판등록 제300-2013-133호
인쇄·제본 신아문예사

ISBN 979-11-5933-587-7 03810
값 16,000원

Printed in KOREA

이 도서는 울산광역시, 울산문화관광재단 〈2025년 예술창작활동 지원사업〉의 지원을 받아 발간되었습니다.